나는 어머니를 고려장했다

나는 어머니를 고려장했다

정호신 지음

신구문화사

지은이 **정 호 신** 약력

_ 평택군 진위면 은산리 300번지 출생
_ 진위초등학교 졸업
_ 수원북중학교 졸업
_ 경기상업고등학교 졸업
_ 한양대학교 상경대학 경제과 졸업
_ 대우중공업 부사장 역임(재무본부장 · 영업본부장 · 경영개선본부장 역임)
_ 대우종합기계(주) 감사위원 역임
_ 중국 흑룡강성 무단장 대우 제지유한공사 사장 역임
_ 현재 두산인프라코어 고문

아내여.

태양의 힘은 위대하고 삶의 길은 고통스럽지만

삶에서 가장 중요한 것은 인연이라 생각하며,

지금까지 나의 고된 길에 동행이 되어준 당신에게

사랑과 감사를 전하오.

지난 삶을 돌아보며

13년 동안 치매로 고생하시다 삶의 날개를 접은 어머니(2005년 6월 3일 21시 30분 作故)에 대한 불효를 사죄하고 늦게나마 감사를 전하고 싶다. 어머니께서는 지난 1994년에 발병하시어 돌아가시는 그 순간까지 치매라는 천형을 앓으셨다. 그리고 정신이 돌아오실 때마다 16세 때 시집와서 70여 년을 살던 그 집, 그러니까 1810년 이후로 선조들이 그랬던 것처럼, 평택의 집에서 삶을 끝내게 해달라고 애원하셨다. 그러나 어머니의 그런 한결같은 소원을 나는 끝내 들어드리지 못하고 치매병원의 회색 콘크리트 병동에서 운명하시도록 했으니, 이 글들을 통해서 짐승 같은 자식의 모습을 이야기 하고자 한다. 또한 나 때문에 피해를 본 동기들에게도 조금이나마 내 마음을 표현하고자 지난 삶의 길에서 있었던 일을 가감 없이 써보려 노력했다.

선조 문집을 한글로 번역하여 발간하러 다니면서(1995~1999년 5월) 선조들의 삶을 통해 어떻게 살아가는 것이 참된 삶인가를 알게 되었다. 그 경구들을 마음에 되새기며 나 또한 자식들에게 하고 싶었던 말들을 남겨야 되겠다는 생각에 글을 쓰기 시작했으나, 마치 속옷만 입고 칼을 찬 강도의 모습인양 겁없는 일이 아니었나 한다.

이제 나도 고희가 가까워오면서 삶의 길에서 만났던 모든 분들의 은혜 입었음을, 그래서 복되게 잘 살고 있음을 생각하며 항상 폐만 끼치는 삶을 살았음을 반성하면서, 내 삶에 가장 큰 은혜를 주셨던 嚴翼虎 사장님, 金宇中 회장님의 건강과 가내에 신의 가호 있기를 기원한다. 또 1.4후퇴 때 가족도 아닌 나와 사촌형, 큰누님을 데리고 피난해 지금의 나를 있게 한 갈곳댁 아저씨 내외분의 명복을 이 글을 통해 빌어본다.

그리고 오늘날 내가 숨쉬고 열심히 살도록 37년간 나와 함께 해주고, 온갖 고난 속에서도 종부로서의 소임을 다하려고 노력하다 주름살 깊은 할머니가 된 사랑하는 아내에게 감사하다는 말로 그 은혜에 보답코자 한다.

2006년 2월의 어느 날

정 호 신 씀

Part 01 _ 어머니, 그 기억의 편린

Part 02 _ 내 영혼의 안식처, 가족

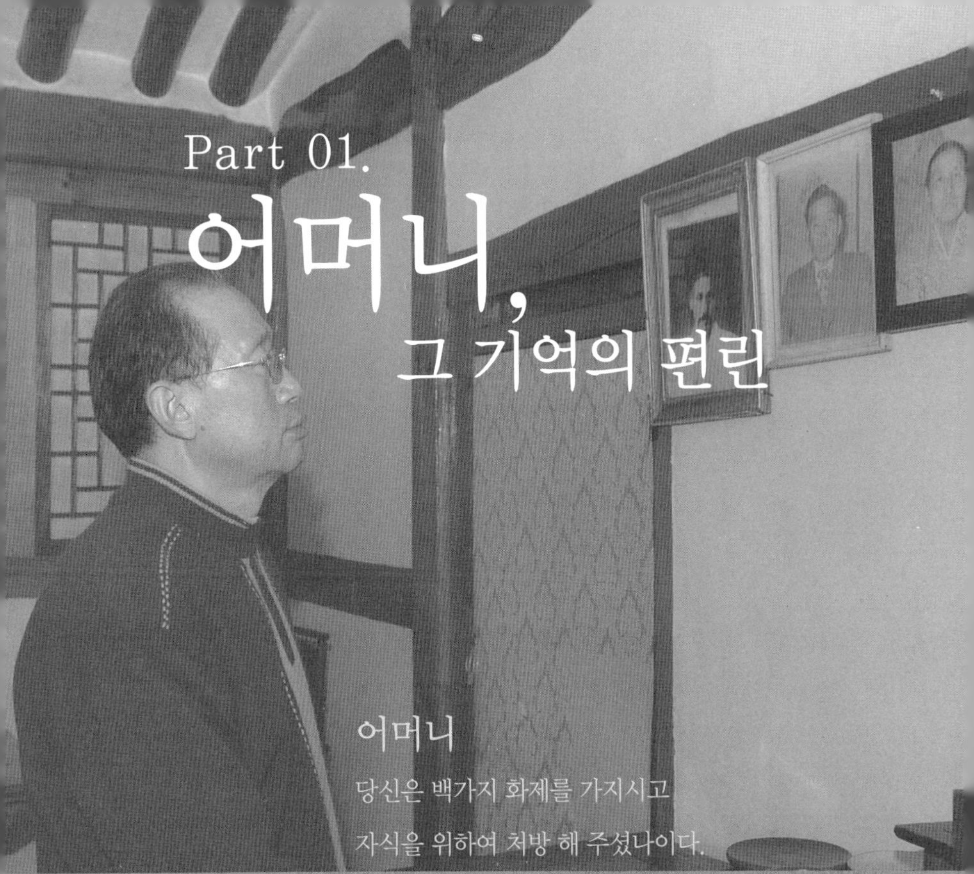

Part 01.

어머니,

그 기억의 편린

어머니

당신은 백가지 화제를 가지시고
자식을 위하여 처방 해 주셨나이다.
당신의 삶이 오직 자식을 위한 삶인 것처럼
일생 동안 자식을 치료하여 주셨나이다.
당신의 병이 깊어가도
오직 자식을 위하여 살아오신 당신은
오히려 자식을 더 사랑하지 못했음을 슬퍼하십니다.
그런 당신의 뜻도 헤아리지 못하고
헛된 삶을 살아가는 자식이건만
그래도 당신은 새로운 처방을 준비하시니
그 모습 성자와 같습니다.

어머니의 병환

立春은 봄의 길목에 서 있음을 알리는 24절기의 하나임에 틀림없으나 요즘 들어 이런 절기를 실감할 수 없을 정도로 추운 날씨가 계속되고 있다. 실제 온도는 영하 10℃라는데 매섭게 몰아치는 북풍을 대하면 영하 20℃는 족히 되는 듯 느껴진다.

이런 추위 때문인지 어머니 병환이 더욱 심해지셔서 대소변을 받아내고 더러워진 옷가지를 세탁하는 일이 많아졌다. 젊어서 강건하시고 깨끗하시던 분이 늙고 병들어 대소변을 스스로 가리지 못하시고, 또한 늙은 자식이 그것을 받아내니 그 마음이 오죽하겠는가. 어머니께서 나를 안쓰럽게 보실 때마다 神이 人間을 고문한다는 생각이 들고, 내가 어머니에게 할 수 있는 일이란 아무것도 없다는 것이 더욱 뼈저리게 느껴져 가슴이 쓰리도록 아파온다. 차라리 내가 대신 아플 수 있으면 좋으련만.

자식으로서 어머니를 위해 하는 일이라고는 고작 아침에 대소변을 받아내는 것뿐이고, 그 고통스러워하시는 모습을 차마 볼 수 없어 하릴없이 밖을 빙빙 돌다 오곤 하니 당장의 상황을 모면하려는 얄팍한 심사가 부끄러울 뿐이다. 또 병원 약도, 한약도, 아무 소용이 없는 줄 알면서도 내 마음 편한 대로 보탬도 되지 않는 약을 드시도록 하니, 오히려 어머니를 힘들게 하는 일을 다람쥐 쳇바퀴 돌리듯 매일매일 행하고 있는 것이다.

새벽에 용솟음치며 뜨는 해를 보면서 저녁이면 져야 하는 처절함을 생각지 못하는 것처럼, 젊어서 자식을 기르던 어머니의 사랑스런 그 모습이 이처럼 될 것을 누가 생각이나 했을 것인가. 깊은 산 속에서 비바람에 견디다 못해 쓰러지고 썩어, 뼈대만 앙상하게 남은 늙은 고목 같은 어머니. 아무리 밤새 한숨지어 보아도 굵게 패인 얼굴의 주름살을 펼 수도 없고 이가 빠져 홀쭉해진 턱을 메울 수 없으니 자식이 무슨 소용이기에 평생을 그렇게 애지중지 키워주셨는지 모를 일이다.

무엇 때문에, 무슨 罪가 있기에 어머니는 아픔과 고독과 싸우시면서 남은 생을 보내셔야 하는가. 神은 어디 있는가. 왜 神에게 기도해야 되는가. 예수는, 석가는, 마호메트는 정말로 전지전능한 것인가…. 그저 한스럽기만 하다.

사람이란 진리를 따르고 선을 사랑하며 보다 더 좋은 삶을 위하여 노력해야 한다. 또 산다는 것의 본질인 '양심' 이라는 두 글자를 마음에 새기고 올바른 생을 지키도록 최선을 다해야 하는 것일진대, 과연 나의 60 평생은 어떤 삶이었는지 모르겠다. 오늘도 달은 밝아 한결 차갑게 느껴지는 겨울밤에 어머니의 고통 소리를 들으며, 다시 인생을 생각해 본다.

– 2000년 12월 20일 시골에 다녀와서

生辰

하늘은 어둡고 아침마다 짖어대던 까치란 놈도 오늘따라 조용하니 어머니의 생신날을 맞고도 기뻐할 수 없는 나의 마음과 같다. 즐겁고 경사스러워야 할 날이건만, 모두가 둘러앉아 어머니의 생신을 축하하던 때가 그 언제인지도 아득할 정도로 내 마음은 어둠으로 가득 차 있다.

어머니께서 병원에서 퇴원하신 지 한 달 정도가 지나고, 음력으로 5월 30일인 어머니의 생신이 다가왔으나 건강이 좋지 않으시어 조용히 집에서 지내려 일부러 잔치 준비를 하지 않았는데, 어머니는 그게 서운하셨는지 작은 며느리에게 전화하셔서 "왜 생일 준비를 하지 않느냐"고 걱정하셨다는 말씀을 들었다. 어머니는 그렇게 전화를 걸고 생일을 논하실 정도로 정신이 온전하신 게다.

또 하루에 세 번 챙겨 드시라고 드린 약을 봉지 수가 확연히 모자랄 정도로 거푸 드셨으니 많이 드시면 병이 낫는다고 생각하신 것인지 정신이 혼미하셔서 그런 것인지 모를 일이나, 그만큼 병을 떨치고 싶어하시는 어머니의 간절함을 알기에 자식은 왈칵 눈물을 쏟을 수밖에 없다.

그러나 나는 어머니의 생신날에, 아내와 며느리에게 음식을 차리지 말고 친척들이 오면 음식점에 가서 식사를 하라고 이른다. 어머니는 케이크를 사다가 집에서 축하해 드리라고 하고 집을 나서 버린 것이다. 결국 어머니께서 원하시던 생신상을 차리지 않았으니, 병환 때문이기도 하려니와 혹시라도 찾아올 동기간과의 만남이 부담스러운 이유가 더 크다.

원래 밖에 일이 있기도 하였으나, 서둘러 마치고 일찍 돌아가도 되건만 일부러 저녁 늦게 갈 핑계를 찾으니 그저 집에 있는 아내에게 죄짓는 것 같다. 왜 정직하게 동기간들이 만나기 싫어서 집에 들어가지 않는다고 말하지 못하는지 내 자신이 원망스럽다. 동기간을 만나면 항상 모두들 나의 잘못을 성토하고 장남이면서 도와주지 않는다는 말을 한다. 혹시나 아이들이 들을까봐 걱정인 말들도 서슴없이 얘기를 하니 만나기 편할 리 있겠는가.

오늘따라 어머니의 90 평생 삶과 나의 60 평생이 오버랩된다. 양반이라는 굴레 속에 불평 한 마디 못하고 가사만 돌보시다가 이제 병들어 누워 계신 어머니의 모습과, 집안의 장남이라는 족쇄에서 벗어나지 못하고 아버님 대신 문중 일을 혼자서 책임져야 된다는 의무감에 짓눌려 답답한 삶을 살아온 나의 모습. 그리고 이런 내게 시집와서 일만하다가 늙어버린 아내의 모습을 보면 그저 미안하고 안쓰럽다.

이제라도 장남이라는 감옥의 문을 열고 나가려 해도 남의 이목이 두려워 이내 제자리로 돌아와 버리고, 나의 아이들에게만은 무거운 짐을 지우지 않겠다 다짐하면서도 어느새 대물림되고 있음을 느낀다. 봉건적이고 보수적인 가문을 현대화해야 하는가, 아니면 가문의 전통을 지켜야 하는가. 삶을 정리해야 하는 길목에서도 나는 이런 숨막히는 고민을 계속하고 있다.

진정 나만의 삶을 살아갈 수 없을까 하는 생각을 하며 내내 밖에서 돌다가 저녁 늦게 집에 돌아가니 아내와 모든 식구들에게 또 죄를 지은 것 같다. 조금만 남을 배려해주는 마음을 가지면 이런 일이 없으련만 나이가 먹어가면서 점점 더 편협해지는 것 같아 걱정이 앞선다. 나를 더욱 고독하게 만드는 어머니의 생신날이다.

신이여! 내 마음을 보살펴 주소서….

– 2000년 7월 1일

어머니를 고향에 모시고 가며

며칠 전부터 어머니께서 평택 집에 가겠다고 하신다. 여러 가지로 설득하여 보았지만 별 효험이 없어 고향으로 모시려고 준비를 하노라니 가슴 한구석이 저려온다. 밖에는 폭우가 쏟아져 비바람이 창을 두드리고 집 앞 감나무의 감이 떨어질 정도라, “비가 심하게 오니 다음날 가자.”고 말씀드려도 단호하게 당장 가시겠단다. 또 그저 ‘가겠다’ 고만 하실 뿐이지 따로 이유도 말씀 않으시니, 아침을 먹고 비가 쏟아지는 가운데 두 모자가 집을 나와 고향을 향해 길을 나섰다.

내 마음을 아는 듯 하염없이 비는 내리고 교통체증도 심하여 우이동에서 한남대교까지 1시간 20분이 걸렸다. 어머니는 비 오는 차창만 내다보시다가 한강을 지나면서 “이제는 서울에 오지 않겠다.”고 말씀하신다. 그 이유는 묻지 않고 신갈 외가댁에 가서 외삼촌을 뵙고 가자고 말씀드리니 그저 “고맙다.”고 하시고는 다시 입을 닫으신다.

어머니와 자식간에 무엇 때문에 의사소통마저 되지 않

을까?

아내가 아파서 내가 진지를 지어 드렸더니 며느리가 있는데 자식이 식사 준비를 한 것이 언짢으시어 고향에 가겠다고 하심을 나는 알고 있다. 이제 아내도 환갑인데 며느리와 시어머니 사이는 영원히 메울 수 없는 강인가 하는 생각이 들고 자식된 것이 부끄럽다. 또 누님이 무슨 죄가 있는 것도 아닌데 20여 년 모신 것도 모자라, 또 어머니와 누님댁을 향하고 있으니 정말로 누님 얼굴을 어떻게 뵐까하는 걱정이 앞선다.

외가댁에 도착했다. 외삼촌을 뵈면 항상 넉넉하고 큰 바다를 대하듯 마음이 편안해진다. 어려움 속에서도 관용과 인내로 가문을 이끌어 세우시고 이제 90의 연세임에도 불구하고 젊은 사람처럼 건강을 유지하고 계시는 것이 감사할 따름이다. 외삼촌께서는 항상 나의 어지러운 심중을 꿰뚫어 보시고 "건강을 지키는 방법 중에 제일이 마음을 즐겁게 가지는 것"이라고 하시면서 "괴롭더라도 이것이 살아가는 과정이라고 생각하면 즐거워지는 것"이라며 늘 웃음을 지으신다.

같은 남매면서도 여자와 남자의 차이가 참으로 크다는

것을 느끼면서 점심을 먹은 후 외가댁을 떠나 평택 집에 도착하니, 마침 고추가 병들어 집은 온통 고추대로 덮여 있다. 또 항상 반가워하던 누렁이도 죽어 자취도 보이지 않아 그 적막감이 더하니 어머니를 고려장 시키러 온 기분이다.

누님께 죄스럽다고 말씀드리자 누님께서는 "딸도 자식인데 무슨 그런 말을 하느냐."며 오히려 일 년 동안 고생했다는 위로의 말씀을 건네신다. 누님께 어머니를 모시게 하고 돌아오면서 정말로 자식이 무엇인가, 까마귀도 눈 먼 어미를 위해 먹이를 물어준다는데 나는 어머니께 최선을 다했는가, 왜 좀더 신경을 쓰지 못했을까를 뒤늦게 반성한다. 자꾸 어머니 모습이 어른거려 운전을 할 수 없어 길가에 차를 세워놓고 한참 멍하니 있다가 고속도로에 들어섰으나 역시 또 교통체증이라 마음만 상한다.

인간은 왜 늙어야 되고 늙으면 자식으로부터 소외를 당해야 되는지 그저 한스러울 뿐이다. 저녁에 집에 와서 어머니께서 쓰시던 방을 들어가니 그저 눈물만 나온다.

– 2000년 8월 29일 회한에 젖어

땅

날씨가 흐리고 음침하다. 겨울의 흐린 날씨는 무슨 불길한 일이 일어날 것 같이 불안한 모습이다. 마침 어머니 약이 떨어지셨다 하여 약을 가지고 아침 일찍 집을 나섰다. 출근 시간도 아닌데 차가 너무 많아 세 시간이나 걸려 어머니께 도착했다.

어머니와 같이 앉아서 가져간 약의 용법에 대하여 말씀드리고 나서 따로 하실 말씀이 있는 것 같아 내용을 여쭈었더니, 사촌이 밭을 팔려고 내놓았는데 그 땅이 사연이 있는 땅이니 샀으면 한다는 것이다.

말씀하시고자 하는 그 사연은 내가 익히 알고 있는 터이다. 원래 우리 집안이 대대로 밭을 일구던 그 땅은 토지개혁 때 남의 손에 넘어간 것으로, 선친께서 이 밭을 찾기 위하여 갖은 고생을 다하시고 이웃과 의까지 상한 끝에 결국 되찾을 수 있었다. 그것을 삼촌이 세간날 때 드렸는데 어머니께서는 지금 그 땅을 다시 찾자고 하시는 것이다. 이런 과정을 다 알기에 나 역시 애착이 가는 땅이지만, 지금 가지고 있는 농토도 농사지을 사람이 없어 정신적으로 고통을 받는데 또 밭을 구입하라고 하시니 자식된 도리로 그저 괴로울 뿐이다.

17년 전쯤에도 어머니는 할아버지께서 공부하시며 농사를 지으시던 논이 남에게 넘어갔다가 임자를 구하고 있으니 구입하라고 하신 적이 있다. 당시 내가 선뜻 답을 하지 못하고 망설이자 어머니께서는 서운한 마음에 식사조차 하지 않으시니 어쩔 수 없이 논 세 마지기를 구입했었다. 그러나 지금도 살 때 값밖에 가치가 없고, 일 년 전에 단돈 400만 원에 매각하고 말았는데 오늘 또 같은 말씀을 하시는 것이다.

일생 동안 땅 때문에 고생하시고 그 땅을 장만하느라고 못 입고, 못 쓰고 하셨는데 그래도 米壽이신 어머니께서는 여전히 땅을 구입하라고 하신다. 어떻게든 예전에 지었던 땅을 되찾는 것이 돌아가신 시아버지께 효도하는 것이라 여기시는 마음과, 평생 땅을 일구고 살아오셨기에 땅이 어머니의 마음의 고향임을 이해는 하면서도 무턱대고 따를 수 없음이 한스러울 뿐이다. 또 어머니께서 시집오셔서 많은 땅을 농사지은 덕으로 우리 남매들이 보릿고개를 모르고 자란 것임을 생각하면 땅을 좀더 갖는 것이 옳은 것이지만 지금은 정말로 땅이 짐이 되고 있으니 어머니께 어떻게 설명하면 좋단 말인가.

눈발이 날리는 고향 길을 나서는 내내 어머니 말씀을 따르지 못한 죄스러움을 떨칠 길 없다. 가랑눈이 차창에 부딪쳐 녹는 것처럼 어머니의 노여움도 녹아내려 섭섭함이 남아 있지 않으시기를 기도해본다. 그러나 막상 서울에 도착하니 실망하신 어머니 모습과 시골의 땅이 어른거려 아무것도 할 수가 없다.

농군의 자식이 배가 불러서 땅의 중요성을 모르니 정말로 큰 죄를 짓는 것임에 틀림이 없다. 먼 훗날 저승에 가서 할아버지와 아버지를 뵈면 잘못했다고 사죄해야겠다고 생각하면서, 땅에서 태어나 땅으로 돌아가야 하는 인생임에도 땅이 필요 없다고 당당히 말한 것이 슬기롭지 못했음을 반성해 본다.

어머니, 불효자식을 용서해 주십시오.

– 2000년 12월 20일 시골에 다녀와서

후 회

오늘 아침은 유난히도 청명하다. 그러나 기온이 영하 10℃ 이하인 추운 날씨에는 아침 운동이 몸에 이롭지 못하다 하여, 습관대로 일찍 잠에서 깨었으면서도 그저 뒤척이고 있다. 그런 까닭으로 원래 아침에는 TV를 전혀 보지 않으면서도 오늘따라 유난히 무료하여 TV를 켜니 어느 방송인줄은 모르나 헤어졌던 혈육을 찾아 만나는 장면이 나오고 있다.

오랫동안 헤어졌던 어머니와 동기간을 만나고 싶어하는 그 사연들이 너무도 애절하여, 보고 있자니 저절로 눈물이 흐르고 지금 시골에 계신 어머니 생각이 떠올라 마음이 숙연해진다. 어머니 없이 살아온 사람들의 애틋함과 절규가 큰 울림이 되어 내 귓전에 부딪힐 때마다, 죄의식에 차라리 TV를 꺼버리고 싶은 마음마저 든다. 부모에게 효도하고자 해도 곁에 없어 저렇게 찾아 헤매는 이들도 있건만, 나는 米壽이신 어머니에게 무엇 하나 제대로 해드린 것이 없으니, 하루하루 시간이 흐를수록 더욱 큰 불효를 저지르고 있는 것이 바로 나의 삶이다.

아내와 아침을 먹으면서 "남들은 없는 어머니를 저렇게 애타게 찾는데 우리는 무슨 짓을 하고 있는지, 오히려 어머니를 송곳으로 찌르면서 돌아가시기만 바라는 것은 아닌지"를 이야기해보았다. 모시고자 하는 자식에게는 부모가 없고, 부모가 있는 자식은 그 소중함을 모르니 이처럼 불공평한 세상이 또 있겠는가. 지금이라도 달려가서 뵙고 싶지만 생활 때문에 그러지 못하니, 그 또한 하나의 핑계에 지나지 않을 것이다.

지금도 어머니는 엄동설한에 혼자 누워 오지 않는 자식을 그리워하며 걱정하고 계시겠지. 어머니 생각에 눈물이 앞을 가려 더 이상 숟가락을 들지 못하고 방으로 돌아왔다. 딸아이는 아침부터 웬 청승이냐고 TV를 꺼버리지만, 내 마음 속에 어머니는 더욱 선명해지니, 그동안의 소홀함을 후회하며 이제라도 좀더 어머니를 위한 삶을 살게 해달라고 기원해본다.

– 어머니를 그리며

농군과 비

밤에 잠을 못 이룰 정도로 구슬피 울어대던 소쩍새가 눈물이 말랐는지 요사이 울지 않는 밤입니다. 낮에는 32℃를 오르내리고 폭염에, 90년 만의 가뭄이라고 하는데, 저녁이면 초가을처럼 선선하니 가뭄이 길어질까 걱정입니다.

나이는 몇 살 먹지 않았지만 정말로 이렇게 비가 오지 않는 것을 본 적이 없답니다. 시골의 논을 두고 "비가 오지 않아도 농사를 지을 수 있는, 샘이 많이 나는 곳"이라고 말씀하시던 할아버지 모습이 눈에 어른거림은 무슨 뜻이겠습니까? 바짝 말라버린 웅덩이를 쳐다보고 한숨짓는 농군의 모습이 자꾸 떠올라 한잠도 잘 수 없는데 오늘따라 달은 휘영청 밝기만 합니다. 소나무 가지가 달빛을 받아 더욱 푸르게 보임은 어수선한 제 마음이 만들어낸 신기루와 같은 것이겠지요.

米壽의 나이에 비 오지 않음을 걱정하시는 어머니의 모습을 생각하니 가슴이 아파온답니다. 무슨 업으로 농사꾼의 아들로 태어나 농사를 짓지 않으면서도 비가 많이 오고,

오지 않음에 기쁨과 슬픔을 느끼면서 살아야 되는지 모르지만, 이렇게 말할 수 있는 것도 행복에 취한 사람의 넋두리라고 욕을 먹을 것 같습니다. 그렇게도 넓어만 보였던 진위천이 모래를 드러내 보이고 조금만 비가 와도 샘이 솟던 논바닥은 거북의 등처럼 갈라졌으니, 제 마음 또한 차마 돌아서지 못하고 갈기갈기 찢어졌습니다.

소쩍새 다시 울면 비가 올 것이라고 생각하며, 밝은 달밤에 새소리 고대하며 오지 않는 잠을 청합니다. 꿈 속에서라도 빗줄기를 찾아보렵니다.

– 2001년 6월 9일

예행연습

맑고 푸른 하늘에 청둥오리 한 마리 외롭게 나는 10월, 파랗게 빛나는 비수의 날이 가슴을 찢어 놓는 것 같은 아침입니다.

지난 밤 어머니는, 자고 있는 자식에게 오시어 "누구냐."고 물어보시고 나가셨다가, 이내 다시 오시어 또 "누구냐."고 물으셨지요. 밤새 자식 걱정에 고단하셨는지 해가 오를 녘에야 곤하게 잠이 드신 어머니의 얼굴은 삶에 시달려 주름이 푹 패이고 일그러져 있습니다. 무엇이 그리 마음이 놓이지 않으시는지 "내가 죽으면 헌 옷을 입히지 말고 새 옷을 한 벌 지어 입혀주고 노잣돈도 달라."고 천연덕스럽게 당부하시고, "십여 년 전에 만들어 놓은 수의가 이제는 몸이 말라서 클 것이니 좀더 줄여서 입히고, 땅에 잘 묻어달라."고 하시니, 유언을 골백번도 더 들은 자식은 이제 감각조차 무디어졌나 봅니다.

또 어머니께서 조카며느리가 시집올 때 해온 치마저고리를 꺼내 입으시기에 왜 옷을 입으셨냐고 여쭈어보면 "죽으러 가려고 입었다."고 하시며 하루에도 두세 번 삶을 등지는 연습을 하십니다. 쓰시라고 드린 용돈 40여 만 원을 여기 두었다, 저기 두었다가 이내 찾지 못하고 잃어버렸다고도 하십니다. 그러면서 돈을 가져간 도둑은 평소에 감정이 있었던 사람을 지칭하며 "그 놈이 범인"이라고 저에게 하소연하시지요. 그러다 돈을 찾는다며 그 무거운 옥돌 요를 모두 뜯어 놓으시고, 또 현관문을 안 열어준다고 창을 뛰어넘다가 머리가 깨져 피까지 흘리십니다.

어머니께서 돌아가시면 새 옷을 입었는지, 수의가 큰지, 노잣돈을 주었는지, 안 주었는지 어떻게 아시겠어요? 모든 것이 제가 하고 싶으면 하고, 하기 싫으면 아니 하는 것이니 "지금이나 정신 차리시어 잘 드시고 즐겁게 지내시라."고 애써 웃으며 말씀 드리지만 그런 어머니의 모습을 보는 자식의 심정이 오죽이나 처절하겠습니까.

이런 제 마음을 아시는지 모르시는지 어머니는 금새 아무 일이 없었던 것처럼 태연히 TV 앞에 앉아서 연속극을 보십니다. 가을의 푸른 하늘처럼 어머니 마음이 푸르러져 더 이상 죽음의 예행연습을 하시지 말았으면 하는 심정을 어느 누구에게도 쉽사리 토로할 수도 없습니다. 산다는 것이 시간과의 싸움이라고 하지만 하루하루 그 의미를 생각하고 또 생각해 보아도 알 수 없습니다. 사람은 왜 꼭 죽어야 되는지, 죽으면 무엇으로 돌아가는지, 정말로 윤회하는 것인지 의문만 남고 아픈 마음에 가슴은 꽉 막혀 버리고 맙니다.

늙은 고목처럼 어느 날 병마라는 태풍이 불어와서 삶을 끝맺으면 자식들은 눈물을 흘릴 것입니다. 또 어떤 사람은 염라대왕을, 어떤 사람은 예수님을, 어떤 사람은 지옥을, 어떤 사람은 천당을 이야기하겠지요. 그러나 이런 말들은 병마와 싸우는 어머니에게는 조금의 소용도, 위안도 될 수 없음을 알고 있습니다.

오늘, 해가 저물어 어둠이 내리듯 내일도 모진 병마가 한 사람의 삶을 처절하게 공격할 것을 생각하니 차라리 해가 떨어지지 말기를 소리쳐 기도해봅니다. 삶을 끝내는 것이 이렇게 어렵다면 무엇 때문에 태어났는가를 다시 생각하면서 떠오르는 가을 하늘의 달을 쳐다보며 하염없이 눈물을 흘렸습니다. 병마에 시달리는 어머니가 완쾌되실 것을 새삼 염원하며 가을밤을 맞이합니다.

- 2001년 10월 21일

天刑

내린다던 비는 오지 않고 구름이 햇빛을 가려 뽀얀 안개가 내 앞을 막아선 날, 어머니는 아침부터 날이 반듯하게 선 식칼을 들고 이미 이 세상에 없는 사람을 죽이겠다고 이 방 저 방 찾아다니신다. 두려움을 애써 짓누르면서도 어찌할 바를 몰라하고 있으니, 이번에는 "네가 들어와 집안을 망쳐놓았다."며 아내에게 일갈하신다. 웃어야 할지 울어야 할지 몰라 장승처럼 선 사람을 보고 아무런 말도 건네지 못한 채, 나 역시 돌이 되고 마는 그 순간에 집안은 어머니가 던진 요강으로 이미 난장판이 되어버렸다.

어머니는 무슨 이유에선지 신발을 집어 들고 옆집 담 너머로 휙 던지신다. 이어 서둘러 방으로 들어오시더니 요의 홑이불을 벗겨 그 속을 밖으로 던지신 후, 홑이불에 요강과 약 등을 싸서 밖으로 나가시니 그 이유를 찾는 것이 어리석은 일임을 잊을 정도로 순간 정신이 아득하다. 무언가 가슴을 답답하게 짓눌러 숨조차 쉴 수 없는 휴일 오후, 집안에 뿌려진 오물을 닦아내고 옆집으로 던져진 신발 한 짝을 찾아오는 내 마음을 대체 어떤 말로 표현해야 좋을까.

그러나 어머니는 싸놓은 보따리를 풀어놓고 방을 치우기가 무섭게 또 다시 난장을 벌이신다. 집안에 뱀이 가득하여 잡아야 된다며 쓰레기통에 들어 있는 쓰레기를 쏟아놓고 그것을 요강으로 짓누르며 뱀을 잡았다고 하시고, 옷과 보자기로 꽁꽁 묶어 마루로 내놓으시니 그 모습이 마치 연기자가 대본에 따라 한 치의 오차도 없이 연기를 하는 것 같아 경이로울 정도다.

평소에는 그렇게도 연약하신 어머니의 어디에서 그런 힘이 솟았을까. 나 이외에는 누구도 감당할 수 없을 정도의 힘이니, 이것이 진정 神의 뜻이란 말인가. 혹여 인간이 아닌 그 무엇에 의하여 행동하시는 것 같아 무서운 마음을 금할 길 없고, 몇 년 전에 어머니께서 시골 한옥 문짝을 모두 떼어놓았다는 누님의 말씀이 떠올라 더욱 두려울 뿐이다.

하루 종일 지하 방에 앉아서 아내의 모습과 어머니의 모습, 그리고 나의 모습을 아무리 떠올려 보아도, 무서운 연극을 보고 난 후 꿈속에서나 일어날 일들이 백주에 집에서 일어나고 있으니 살아간다는 것이 너무나 어려운 일이란 생각이 든다. 또 자식으로서 어머니에게 자애와 사랑이 아니라 자꾸만 공포의 마음을 느끼게 되고, 그 순간을 참지 못하고 화가 나서 큰 소리를 내고 말았으니 뒤늦게나마 이 죄스러움을 어찌 해야 좋을지 마음은 돌에 짓눌린 듯 무겁기만 하다. 차마 환한 창 밖을 내다 볼 용기도 생기지 않아 애꿎은 벽만 바라보고 있노라니, 지난 몇 시간의 일들이 마치 영화의 한 장면처럼 자꾸 되풀이될 뿐이다.

〈檀君古記〉에 써 있는 "어머니는 하늘이 내려주신 神이니 잘 모시면 어떤 위기가 닥치더라도 살아남을 수 있고, 그러려면 효도하라."는 글귀를 떠올리며 이 모든 것이 어머니께 지은 죄를 속죄하라는 神의 뜻이라고 애써 생각하려 해도, 내 마음이 원망으로 가득 참은 평범한 인간이기 때문일 것이다. 키케로는 "일어날 수 없는 일은 결코 일어난 적이 없고 일어날 수 있는 일은 기적이 아니다."라고 말했는데, 제발 기적이라도 일어나 살아가는 동안 어머니의 건강이 다시 돌아와 주기를 바라본다.

종갓집에 시집와서 90 평생을 허리 한 번 펴보지 못한 어머니, 그리고 그와 같은 길을 걸으며 33년 동안 가문과 조상 모시는 일로 늙어버린 아내를 생각하면 한편으로 송구스럽고 한편으로 너무나 많은 죄를 지은 것 같다. 몸도 마음도 아픈 아내의 얼굴을 보면 눈조차 바로 뜰 수가 없고 무슨 악연이기에 이렇게 일 많은 집에 와서 일생을 고생만 하는지, 쥐구멍이라도 있으면 들어가고 싶은 생각뿐이다.

캄캄한 방에 우두커니 앉아서 어머니가 내게 주신 무한한 사랑을 생각해본다. 일생 동안 사랑만 받아온 이 철부지는 어머니께 무엇 하나 해드리지 못하면서 원망만 해왔다. 나는 진정 구제 받지 못할 것이나 하늘이 무너져도 어머니를 잘 모실 수 있는 마음만은 변치 않기를 다시 한 번 다짐해본다. 지금보다 더한 일이 생기더라도 가문을 지키는 수문장으로서, 또 남편으로서, 네 아이의 아버지로서, 한 아이의 할아버지로서, 모든 일을 가슴 속에 묻고 운명지어진 삶의 길을 갈 것이다. "부모님을 섬기고 처자를 사랑하고 친척을 보살펴라. 일의 앞뒤가 없어 곤란하지 않은 것이니 이것이 바로 행복"이라는 〈涅槃經〉에 나오는 부처님 말씀을 큰소리로 읽어보며 자애로웠던 어머니를 다시 한 번 떠올렸다.

항상 용기를 가지고 정직하게 살고 실패하는 일이 있더라도 좌절하지 말고 기쁨을 주는 자가 되라는 어머니의 목소리가 들려온다.

– 2002년 1월 13일

추신 : 이런 글을 남겨야 되는지, 우리 가정의 수치를 드러내는 것이 아닌가 하면서도, 치매라는 병을 앓고 있는 환자와 가족의 한없는 슬픔을 생각하며 이 글을 쓴다.

B형에게

대한인데도 얼음은 얼지 않고 비와 눈이 함께 내리는 아침에 북한산 오솔길을 걷노라니, 나는 얼마나 진실하고 정성을 다해 살고 있는가 하는 의문이 듭니다. 문득 형의 성실한 모습을 떠올리게 됨은 좀더 반성하라는 계시 같습니다. 요사이 어머니께서 치매라는 불치의 병에 걸려 괴로워하십니다. 일생 동안 나를 위하여 고생만 하시다가 좋은 일이라고는 하나도 보지 못하시고 병마와 싸우시니 자식으로서의 도리를 진실하게 하지 못하는 것 같습니다.

내가 환갑이 되도록 기대었던 거룩한 어머니는 마치 고사목처럼 흉물스럽게 되어버렸습니다. 나는 그런 어머니에게 너무나도 부도덕하고 부정직하여 남이 보기에는 잘 모시는 것처럼 하고 집에서는 마치 정상인에게 하듯 사무적으로 대하니, 그것이 바로 이중적인 것이겠지요. 아픈 어머니는 생각지 않고 오히려 야속히 여기며, 그 알량한 약을 드리는 것으로 도리를 다했다고 생각하는 내 모습이 원망스럽습니다.

B형! 형과 내가 시골 촌구석에서 자라며, 성스러운 부모님의 힘으로 지금 자식들과 호의호식하고 있음에도 그 은혜를 잊고 있다니, 스스로 매를 들어 피가 나도록 때리고 싶은 심정입니다. 어머니 한 분 제대로 모시지 못하는 내가 누구에게 바르게 살라고 이야기한다면 너무나 낯이 두꺼운 행동일 것입니다.

내리는 겨울 비 때문에 나목에 물이 흘러 얼어 붙어도, 그것을 감내하고 마침내 봄을 맞아 새 삶을 찾는 것처럼, 내가 자식들과 주위 사람으로부터 인간으로 인정받고 싶다면, 나무와 같이 자신을 버리고 좀더 헌신해야 된다고 생각합니다. 그러나 어머니만 뵈면 마음이 처절해지고 제대로 행동하지 못하니 정말 부끄러울 뿐입니다. 부처님의 제자 중 한 사람인 아뉴바짓의 탁발하는 모습이 너무나 진실하여 이를 보고 감동한 사리불과 목련존자가 부처님께 귀의했다는 이야기가 있습니다. 그 아뉴바짓처럼 진정 모두가 어머니께 진실하게 대할 수는 없을까요.

과연 어떤 것이 올바르게 사는 것인가를 가슴에 새기며 비가 오는 북한산 길을 걷다가 바위 밑에서 비를 피하고 있는 청솔모 모습을 발견하니, 마치 어머니 모습처럼 초라해

보여 정신이 번쩍 들었습니다. 그리고 내게 어머니를 올바르게 모실 수 있는 힘이 주어지기를 신에게 기도했습니다. B형! 언젠가 B형을 만나서 정말로 어머니에게 성심성의껏 정성을 다했노라고, 사람의 도리를 다했노라고 말할 수 있었으면 합니다.

B형, 나를 꿈속에서라도 채찍해주오.

– 2002년 1월 20일 아침

자연의 진리

푸르고 무성하던 상수리나무가 계절의 깊어짐과 함께 잎을 하나씩 떨구니, 자연이 살아가는 진리를 가르쳐 줌을 새삼 깨닫게 된다. 그렇게도 젊고 건강하던 어머니 역시 나이가 들어 병고에 시달리시니 그 또한 진리일 것이다. 나무에서 떨어진 낙엽은 내일의 삶을 가볍게 해주고, 그 떨어진 잎은 또 다른 생명의 양분이 되듯, 어머니의 젊음을 양분 삼아 자식들이 이렇게 성장했으니, 내년이면 90이 되시는 어머니의 모습이 그 나무와 다를 게 무엇이 있겠는가. 그러나 그 진리라는 것이 오늘따라 마음에 고통을 더해주고 있기에 원망을 하면서도 한편으로 순응하려고 노력해본다. 그것이 이 고통으로부터 벗어나는 최선의 길이 아닐까.

기저귀를 착용하고 계신 어머니의 용변이 묻은 방구석과 속옷을 보며 속상해 하면서 세탁을 할 때면, 어렸을 때 어머니가 나에게 해준 일을 똑같이 되풀이하는 것이란 생각이 든다. 그러나 아무리 마음을 다잡아보아도 가슴은 답답하고 눈에 안개가 끼어 비누조차 보이지 않으니 병들어 썩어가는 어머니는 안중에 없고 내 자신의 안락만 추구하는 것이 아닌가 하여 마음이 무섭다. 언젠가는 나 자신도 어머니처럼 몸이 허물어질 것이고, 그 몸을 지키려고 온갖 짓을 다할 때가 올 것이 진리이고 운명이건만, 그때를 생각하지 않는 오만함만으로 똘똘 뭉친 삶을 살고 있으니, 이런 내 마음을 나도 모를 일이다.

감나무 가지에 앉아 연시를 쪼아 먹고 있는 까치 두 마리가 마치 내 모습과 같다. 어머니의 육체를 일생 동안 갈가리 파먹으며 살았건만 이제 그 달콤함이 다했다 하여 까치처럼 미련 없이 날아가 버릴 궁리만 하는 것이다. 오죽하면 자식에게 그 더러운 꼴을 보여주시면서 삶을 지탱하고 계실까는 생각지도 않고, 원망하고 윽박지르기만 하니 먹이 사냥을 하는 금수와 다를 바가 있겠는가.

가을 하늘이 파랗게 빛나는 길을 걸으면서도 시커먼 먹구름이 소나기를 몰고 와 천둥번개를 일으켜, 그것이 내 몸을 스쳐주기를 바라고 또 바라지만 애꿎은 나무만 박살을 내놓는 모양을 보면, 하늘은 내가 더 많은 죄를 짓기를 원하는 것인 게다.

정말로 사람은 윤회하는지. 무슨 죄로 어머니께서 이렇

게 고통을 당해야 하며, 나는 무엇 때문에 그런 고통을 아무 힘이 없이 보고만 있어야 하는지 그저 한스럽기만 하다. 붉은 감이 서리를 맞아야 크게 자라듯이, 고뇌가 있은 후에 즐거움이 오겠지만, 나는 지금 저 감처럼 기다릴 시간과 인내가 없으니 더욱 한스럽다.

가을 저녁 붉은 노을이 숲을 아름답게 물들일 즈음 산사에 앉아 풍경소리를 들으며 지난 시간을 되돌아본다. 삶을 위해 열심히 뛰었던 지난 세월을 덧없다고 생각한 적이 없었는데, 그 시간이 마치 도둑맞은 듯 허무하게만 느껴지니, 이만큼 나이가 들어서야 자연의 진리를 지키지 못하고 우매하게 살아온 것을 반성하게 된다.

가을이 깊어 감을 원망하며 병고에서 헤어나시기를 진정으로 神께 기도해 본다.

- 2002년 10월 15일 저녁

어머니의 천진함

창 밖 단풍나무의 잎새가 흉물스럽게 한 잎 두 잎 떨어지는 모습을 보며 가을이 깊어 감을 느끼는 토요일 오후다.

봄과 여름 내내 소쩍새 울던 자리에 이제는 참새 떼들이 지저귀고 있으니 항상 떠날 때가 되면 떠나가고, 떠나간 자리는 또 다른 이가 메워주는 것이 자연의 이치라는 생각이 든다.

어머니는 이런 계절의 변화를 아시는지 모르시는지 저녁 햇살 쏟아지는 방안에 앉아 〈般若心經〉을 읽으신다. 평온한 표정으로 계신 모습이 병마도 고통도 모두 거짓말처럼 천연덕스러우니 어머니가 꿈을 꾸시는 것인가, 아니면 내가 꿈을 꾸고 있는 것인가. 문득 우리나라가 낳은 세계적인 전위예술가인 백남준 씨가 NYT와 대담하면서 보여준 천진스러운 모습이 떠오른다.

'전위예술 초기에 日本에서 생활하면서 피아노를 때려 부쉈다고 하던데 그때 가족들의 반응' 을 물어보니 "어떻게 하겠어? 그땐 이미 늦었는데."라고 답하며 파안대소하는 백남준 씨. 건강에 관한 질문에는 "중풍 맞을 당시 구겐하임 미술관과 협상을 진행하고 있었는데 잊었는지 한동안 연락이 없다가 중풍 맞았다는 소식이 언론에 보도되자 잽싸게 달려와서 작품을 구입하겠다고 하더군." 하고 어눌하게 답한다. 또 록펠러 센터에 전시한 '20세기를 위한 32대의 자동차'에는 왜 모두 은색을 칠했느냐고 묻자 "에이전트가 나하고 상의도 없이 제멋대로 그려놓았어. 그 친구 감각이 없어."라고 말하니, 그 천진스러움에 보는 나조차 웃고 말았다.

가끔씩 어머니도 병환을 잊으시고 너무나 평온하고 태연한 모습을 보이시니, 그 모습이 백남준 씨의 순수함과 조금도 다르지 않다. 그러나 평온한 모습을 대하면서도 이제는 쉽사리 망령스런 행동을 보이실 것을 알기에 마음 한구석이 섬뜩해짐은 어찌할 수가 없다. 어머니께서 영면하시는 날까지 그 평온과 천진스러움이 변하지 말기를 한 사람의 자식, 그리고 인간으로서 神께 기도하며 어머니의 건강을 빌어본다.

– 2002년 11월 16일

뉘우침

눈보라가 휘몰아치는 아침, 어머니가 계시던 방에 앉아 북한산 설경을 바라봅니다. 동생이 모시겠다고 하였을 때 막지 못하고, 마치 빨리 모셔가라고 재촉하듯 방관했던 제가 이제와 빈방에서 어머니를 생각함은 못난 자식의 마지막 양심인가 합니다. 밤에 자다가도 몇 번씩이나 깨어 습관적으로 어머니 방을 기웃거립니다. 그러면서 아무리 생각하고 또 생각해 보아도 제 마음에 악의 뿌리가 깊이 자리하고 있음을 발견하게 되니 당혹스럽고 놀랄 뿐입니다.

그래도 눈보라 치고 골목길 꽁꽁 얼어붙는 추위에 한기를 느낄 때마다 태양 같이 따듯한 어머니의 체온을 생각하지 않을 수 없습니다. 어머니는 정신이 돌아오실 때면 환갑이 지난 자식의 안위를 걱정하시어 "차 조심하라, 일찍 들어와라, 술 먹지 마라, 나이 먹었으면 이제 좀 쉬어라." 하고 어린 자식 대하듯 염려의 말씀을 하십니다. 그런 어머니가 계시기에 저는 자식들과 호위호식하며 살아갈 수 있었습니다.

그러나 그런 행운을 얻었으면서도 어머니의 마음을 조금도 헤아리지 못하고 병고에 시달리는 당신께 따듯한 말씀 한 번 제대로 건네지 못했으니, 저의 불효가 오늘따라 부끄럽고 한스러울 뿐입니다. 마침 TV에서는 평소에 그렇게 즐겨 보시던 〈대추나무 사랑 걸렸네〉라는 연속극이 방송되고 있습니다. 혹여 지금도 이 연속극을 보고 계시지 않을까 하는 생각을 하니, 자식으로서의 잘못을 더욱 뉘우치게 됩니다.

"사람 들어오는 것은 모르지만 나가는 것은 안다."는 옛말처럼 어머니가 항상 기거하시던 방에 계시지 않음은 너무나 큰 적막감을 안겨줍니다. 어머니가 주셨던 따스함의 부재가 이 겨울을 더욱 춥게 만들고 가슴을 아프게 하니 몸이 절로 움츠려듭니다. "사람의 마음이란 살인할 수 있는 원인을 제공하는 무서운 구석이 있으면서도 그것을 숨기고 살아간다."고 말한 옛 글을 읽은 적이 있는데 제 마음에 사랑이라는 싹보다 살인할 수 있는 싹이 더 크게 자리하고 있는 것은 아닌지요. 어머니의 방에 찬 서리가 내리지 않도록 동생 집에서 다시 모셔오고 싶은 마음 간절하면서도 입 밖으로 꺼내지 못하고 주위의 눈치만 살피는 제 모습이 더없이 비굴합니다.

눈 덮인 고향집을 생각하며 무엇이 저를 그렇게 형편없고 몰인정하게 만들었는지, 자식들의 장래를 위해 그렇게도 헌신하시고 자신의 삶이 아닌 자식과 가문을 위하여 일생을 살아오신 어머니의 삶을 더듬어보며 그저 한숨만 지었습니다.

짜증나고 고통스러울 때 어머니께 응석부리며 함께 티없이 맑은 하늘을 보며 웃을 수 있는 그 날을 그려봅니다. 아무리 늙고 병환이 깊으실 지라도 90세인 어머니가 계시다는 것이 너무나 행복하다는 것을 새삼 가슴 속 깊이 간직하며 돌아가시는 날까지 다시는 어머니를 우리 집이 아닌 다른 곳에 기거하시도록 하지 않겠다고 다짐합니다.

어머니 죄송합니다. 그리고 아버지 정말로 죄송합니다.

– 2003년 1월 4일

엿듣기

북한산 등산길의 능선에 올라서기 전, 관망 좋은 쉼터에 앉아서 쉬는데 내 나이와 비슷한 노인 두 사람이 앉아서 정담을 나누고 있다. 한 사람의 말이 "이 아무개가 상을 당해 갔더니 생전에는 어머니를 치매병원에 보내놓고 잘 다니지도 않고, 어머니가 그렇게 집에 오시기를 원해도 마누라가 무서워 꼼짝도 하지 않더니, 돌아가시고 나니까 삼성의료원에 모셔 놓고 수십 개의 화환 속에 장례식을 하는 모습을 보니 속이 많이 상했다."며 "죽은 부모를 놓고 돈벌려고 하는 그 모습이 불쌍해보였고 생존하셨을 때는 그 좋은 삼성의료원에 한 번 모시지 않다가 죽은 다음에는 무슨 이유로 모시는지 참으로 가슴이 아팠다."는 것이다. 또 "자식을 키우는 것은 늙어 기운 없을 때 의지하기 위함인데 그렇지 못하면 자식이 왜 필요하며 왜 재산까지 주어야 되는지 늙은 이들은 생각해봐야 될 문제"라는 내용이었다. 그러자 다른 한 사람이 "그런 꼴 안 보려거든 마누라보다 먼저 죽어야 되며 재산도 모두 마누라에게 주어야 한다."고 답하며 웃는다.

그 이야기를 들으니 마치 모르는 두 사람이 내 흉을 보는 듯 느껴져 얼굴이 뜨겁다. 요즘 많은 가정이 인륜을 잊고 파괴되어가는 것도 사실이려니와, 나 역시도 하나뿐인 어머니에게 제대로 자식노릇을 하지 못하고 내 생각만 하니, 그 이야기 속 인사와 다를 바가 없다. 누님께서 어머니를 모셔 가는데도 내 건강이 나쁨을 핑계삼아 아무 말 하지 않은 것이 아직도 가슴이 아프다. 인간이 까마귀보다는 나아야 하는 것인데, 한낱 까마귀도 제 어미를 거두건만 나는 그조차 하지 않음이 부끄러울 뿐이다. 이제라도 부모님에 대한 의무를 다하겠다고 걸음걸음 걸으면서 다짐한다.

- 2004년 6월 27일

어머니의 91회 생신을 맞아

어머니, 당신의 눈은 주름이 접혀 바로 뜰 수 없으며, 당신의 얼굴은 너무나 핏기가 없어 창백합니다. 당신의 손을 잡고 있어도 얼음장 같이 차가워 약간의 온기도 느끼지 못합니다. 조금 앉아 계시다가 이내 "애비야. 나 어지럽다."고 하시는 말씀이, 아직도 무엇을 의미하는지 알지 못하는 바보를 자식으로 두셨다는 것도 잊은 듯, 마치 체념하고 계신 모습입니다.

자신은 자꾸만 약하고 작아지면서도, 평소에는 거들떠보지도 않다가 생신 날에만 낯을 비추는 자식들을 걱정하시니, 당신은 정말 천사입니다. 악마와 같은 자식에게 "어서 병이나 나으라."고 다독이실 때면 그 말씀이 몽둥이로 때리는 것보다도 더욱 제 가슴을 아프게 합니다. 이제는 거동조차 불편하시어 휠체어에 앉은 채로 손자들이 들어 옮겨야만 겨우 이층에서 내려오실 수 있는 당신의 모습이 오늘따라 너무나 초라하기만 합니다.

당신이 일생 동안 제게 주신 은혜를 지금 이 순간 조금은 알듯 합니다. 어머니 모습을 보고 이렇게 당황스럽고 가슴 아플 줄은 정말 알지 못했나이다. 삶의 끝자락으로 자꾸 걸어가시는 어머니의 모습은 저에게는 '지옥' 그것입니다. 차창 밖 7월의 신록은 희망에 차 있지만 제게는 모두 시들어 가는 어머니로 보입니다. 언젠가는 저도 어머니처럼 쓰러져가면서도 자식 걱정을 할 때가 오겠죠.

어머니 죄송합니다.

저를 용서해 주십시오.

차마 용서를 빌 자격도 없는 자식입니다.

아버지의 노한 모습이 자꾸 차창을 두들기는 듯하여 슬픔이 복받쳐옵니다. 손자 놈이 재잘거리는 소리조차 저를 큰소리로 꾸짖는 것 같이 들려 차라리 귀를 막고 싶습니다. 깜깜한 방구석 모서리에 앉아 어머니의 차가운 손을 생각하고, 따스한 체온으로 배를 만져주시던 옛날 일을 떠올리며 밤새 두견이와 같이 울었나이다.

어쩔거나, 어쩔거나, 우리 어머니 어쩔거나 그저 눈물이 펑펑 쏟아집니다. 이 한을 지옥까지 가져가서 후회할 것입니다. 용서해 주십시오. 금수같은 자식을 그래도 사랑으로 어루만지시는 모습에 새벽잠이 들었답니다.

– 2004년 7월 11일 밤

百中날의 상념

우이동에 터를 잡고 살아가는 관계로 주위에 사찰이 많다. 때문에 百中날 아침이면 도선사와 보광사로 불공드리러 가는 많은 불도들을 보게 된다.

사전에 百中은 "24절기의 하나이며 만조 때 바닷물 수위가 일 년 중 가장 높은 날로, 불가에서는 스님들이 夏安居를 끝낸 후 스스로의 잘못을 대중에게 참회하는 날"이라고 쓰여 있는데, 저 많은 불도들은 무엇을 위해 절에 가는 것일까? 目連尊者가 부처님께 기도하여 지옥에 계신 어머니를 구했듯이 돌아가신 부모님의 극락왕생을 위해서일까, 아니면 살아 계실 때의 불효를 사죄함일까. 그도 아니면 자식들의 복과 건강을 빌기 위함일까. 어쨌든 본래의 의미와는 관계없이 자신의 잘못은 생각하지 않고 무조건 복만 달라고 외치는 것이 요즘의 세태가 아닌가 한다.

나 자신도 白壽이신 어머니를 모시기 싫어 시골 누님 댁에 모셔 놓고, 아프다는 핑계로 죄지은 것을 잊어버린 지 오래다. 어머니의 광기가 깊어지실 때면 차라리 돌아가셨으면 하는 짐승만도 못한 마음을 품기도 했다. 그러면서도 부처님 앞에 가서는 건강과 복을 내려 달라고 빌고 있으니 산다는 것이 너무나 치졸하지 않은가.

과연 끊임없이 山門에 들어서는 저 불교인들은 살아 계신 부모님을 어떻게 봉양할는지, 혹 나와 같지는 않은지 모를 일이다. 어머니 뱃속에서부터 부처님과 인연을 맺어 이제 70세가 가까워짐에도, 아직까지 부처님 말씀을 하나도 깨닫지 못하고 오히려 병든 어머니를 원망하고 있으니, 그저 사람으로 태어나서 금수의 마음으로 살아가는 내 자신이 원망스럽고 가슴 아플 뿐이다.

삶의 길에 이런 슬픔이 있으리라고는 꿈에라도 생각해 보지 못했다. 필경 나의 전생의 죄가 너무 커서 그것으로 인해 마음의 고통을 받고 있는 것이리라. 그러나 지금도 악독한 마음만 가지고 있으니 來生에는 더욱더 죄 값을 많이 치를 것이 틀림없다.

잘못된 삶의 발길을 돌릴 수 있는 방법을 부처님께 간곡히 여쭈어보고 目連尊者의 마음으로 돌아갈 수 없을까? 왜 나는 이렇게 살다 가야 되는가. 어쩌다 어머니 한 분 잘 모시지도 못하게 되었는가. 아무리 생각해 보아도 다른 이유는 찾을 수 없으니, 오직 탐욕 때문이라고 밖에 할 수 없다. 그래도 인간이 되려고 몸부림쳐본다. 정말 부끄러운 하루를 보냈다.

- 2004년 7월 百中날

살인회의 하던 날의 마음

오늘따라 칼 포퍼(Karl popper)가 쓴 〈추측과 논박〉에 쓰여 있는 다음과 같은 글이 생각난다. "실제로 우리가 본 것으로부터 우리는 아무것도 알지 못한다. 왜냐하면 진리는 깊은 곳에 숨어 있기 때문이다. 또한 확실한 진리에 관해서는 아무도 알지 못하고, 내가 말하는 神들에 대해서 우연히 또는 궁극적으로 말하더라도 자기 자신은 그것을 모르며 모든 것은 추측으로 짠 거미줄에 불과하다."

왜 삶과 죽음이란 글자를 만들었을까? 또한 왜 잠든 것, 청년기, 노년기는 모두 같다고 말했을까? 이것을 왜 회전의자와 같다고 말했을까? 그리고 선과 악은 정말로 동일할까? 내리막길과 오르막길은 정말로 같은가? 진실로 사람만이 아름답고 외롭지 않은가? 神은 모두 아름다운 것인가? 이 모두를 칼 포퍼에게 묻고 붙들고 울고 싶은 날이다.

나를 낳아주고 길러주신 어머니를 정신병원으로 보내기 위해 다섯 남매가 모여, 일류 음식점에서 점심을 하며 낯뜨거운 의논을 하고 있는 이 시간이 무엇을 의미하는가?

정말 회전의자와 같은 불쌍한 삶을 살아가고 있다고 생각하니 눈물만 난다. 낳아서, 길러서, 공부시켜서, 그 자식들과 호의호식하며 살아가게 해주신 어머니가 병이 드셨다는 이유로 고려장하자는 말을 서슴없이 하고 있다니 神이 원망스럽다. 아버지께서 할아버지를 모시던 모습을 보고 자란 내가, 그리고 선조들께서 써 놓으신 글을 읽은 내가, 어떤 것이 선이고 악인지 구별할 수 있는 나이에 이른 내가, 피붙이와 더불어 이런 이야기를 하고 있다니 동생을 죽인 카인보다 더 잔인한 인간이다.

15년간 치매로 고생하신 어머니의 고뇌는 생각하지 않고 보살핌의 고달픔만을 생각하는 자식들이 어머니를 죽이는 살인회담을 하고 있는데도 벼락이 떨어지지 않으니 신은 정말 아름다운가? 아니면 악이 아름답고 선은 흉한 것인가? 논바닥에 심어놓은 벼이삭이 어느 새 패어 탐스럽게 자라고 있는 모습을 보니 어릴 적 생각이 자꾸 떠오른다. 그리고 젊었을 적 어머니 모습이 환영이 되어 내게 돌아온다. 먹고 있는 냉면사리가 어머니 모습 같다.

어떻게 형제자매가 앉아서 어머니를 병원에 버리자는 모의를 할 수 있을까? 무엇 때문에 어머니를 죽음으로 가시게 해야 되는가? 마치 칼을 들고 은인을 죽이는 것처럼, 일생을 나를 위해 몸 바치시고, 정신이 들면 "밥 먹었니, 일찍 와라, 돈 그만 벌어라" 등등 걱정과 당부를 잊지 않으시는 그 어머니를 왜 살인하려 하는가? 한없이 묻고 또 물어도 답은 없다. 내 자식들은 나의 건강이 걱정이라 이야기하고, 동기간들은 어머니는 늙었고 우리는 젊었으니까 어머니는 이제 돌아가셔도 괜찮다고 이야기한다. 나 역시 마음속으로는 동의하면서도 흐르는 눈물을 막을 길 없다. 어느새 내 마음이 짐승과 같이 변해간다. 서로 잡아먹으려고 으르렁거리는 모습, 그것이다.

라디오에서 어머니 이야기가 흘러나온다. 모두 어머니에게 잘못했다는 후회 이야기다. 그러나 나는 이제 어머니를 지워버리려고 안간힘을 쓴다. 요 며칠 동안 살아간다는 것이 너무 슬프고 괴롭지만, 어머니를 병원에 보내지 말자는 말을 하지 못했다. 모든 것이 내 탐욕 때문이다. 진실이 어디 멀리 있지 않고 바로 내 곁에 있음이 너무 슬프다. 내 마음은 악이 쳐 놓은 거미줄에 걸려 있다. 神이 있다면 독거미를 풀어 나를 꽁꽁 묶을 것인데 묶지 않는 것은 아름다운 마음씨를 가진 神이 너무 많기 때문이 아닌가 자문해 본다.

죽어도 마땅한 놈이 아내와 자식까지 거느리고 정신병원에 가서 모든 것을 알아보고 나오다가 깨달은 것이 바로 칼 포퍼가 말한 '회전의자' 다. "조금만 있으면 내 자식들도 나를 정신병원에 보내겠지? 내가 해놓은 인연의 회전의자는 곧 돌아가겠지?" 하고 생각하니 내가 지은 죄의 값을 반드시 갚을 날이 올 것임을, 그 날이 머지 않았음을 깨닫는다. 이것이 살인회의를 한 나의 진실한 마음이다.

– 2004년 9월 4일

참회의 기도

파란 가을 하늘을 봅니다.

그리고 어머니를 그려봅니다.

마음속에서 어머니를 살인하고 하늘을 올려다 봅니다. 사람이기를 잊어버린 처참한 모습으로, 눈물마저 흘리지 않고 뻔뻔스럽게 회색 병원 문을 나섰습니다. 그래도 조금은 양심이 있어 어깨를 축 늘어뜨리고 걸었답니다. 이제 저에게 어머니는 없습니다. 제가 어머니를 살인했기 때문입니다. 병원 밖 밤나무 가지에 달린 밤송이를 보니, 알밤을 주워 주시던 어머니 모습이 떠올라 앞을 가로막았습니다.

나만 살자고 뻔뻔스럽게 어머니를 살인하고 길을 나서는 제 마음이 너무나 무섭습니다. 정의롭지 못한 일을 하고도 이렇게 서 있는 제 자신이 너무나 밉습니다. 여전히 밥상 앞에서 꾸역꾸역 식사를 하니, 그 모습이 놀랍기까지 합니다. 어떻게 자식들, 손자들 얼굴을 뻔뻔스럽게 쳐다보며 웃을 수 있습니까? 차라리 사람이기를 포기하는 것이 더욱 옳을 것 같습니다. 그래도 살기 위해 뚜벅뚜벅 걸어가는 제 모습이 정말로 소름이 끼치도록 얄미울 따름입니다. 이 모든 일의 그릇됨을 알면서도 그냥 돌아서는 이 순간이 영원히 멈추었으면 합니다.

전생에서 어머니와 저는 원수지간이었나 봅니다. 어머니를 살인하고도 아무 감정이 없는 것을 보면 너무나 많은 원한이 있었던 모양입니다. 神이여, 나에게 왜 이런 못된 짓을 하도록 인도하십니까? 마른하늘에 날벼락이라도 치게 하여 죽이시는 것이 낫지 않습니까? 고뇌와 슬픔과 번뇌의 짐을 지고 살아가느니보다 차라리 그 편이 나을 것 같습니다. 살아가는 것이 너무나 힘든 나날입니다.

사당에 앉아서 두 무릎을 꿇고 정신 나간 사람처럼 앉아 있었습니다. 할아버지께서는 제게 이렇게 하라고 말씀하신 적이 한 번도 없었습니다. "까마귀도 눈 먼 어미를 먹여 살렸다"며 늘 마음에 새기라 하셨는데 이제 그 말씀을 잊고 까마귀보다 못한 삶의 길을 가려고 합니다. 할아버지. 저를 용서하지 마시고 차라리 돌로 쳐서 깨우쳐 사람이 되게 해 주소서. 그리하여 가문의 치욕을 다스려 주소서.

– 2004년 9월 9일 어머니를 버리고 쓴다.

'만물상'의 꾸짖음

오늘 아침 조선일보 '만물상' 칼럼에 실린 '고려장'이라는 제목의 한삼희 논설위원의 글을 읽으며 큰 죄를 들킨 것 같이 가슴이 두근거렸다. 칠순의 노모를 요양원에 모셔다놓고 제대로 돌보지 않은 자식들을 상대로 노모가 소송을 했고, 법원이 자식들에게 200만 원을 분할하여 부담하라는 판결을 내렸다는 것으로, 정조대왕이 어머니를 위하여 지었다는 〈父母恩重經〉이 존재하고, 동방예의지국이라 자처하는 이 나라에서 일어나고 있는 현상을 개탄한 내용이었다. 이 글이 마치 어머니를 뵙고 올 때마다 느끼는 내 심정을 두고 질타하는 것 같아 몸둘 바를 모르겠다.

지난 일요일, 인절미 여덟 개를 드시고는 "간병인이 두 개 밖에 주지 않아 못 먹었다."고 말씀하시는 어머니를 보고 웃어야 했고, 그래도 집에 계실 때보다 건강은 좋아지셨으니 다행이라는 아내의 말에 위안을 받으며, 이런 자식의 마음을 이해해줄 사람이 있을 것이라고 스스로 자위하던 내 모습이 떠올라 새삼 가증스럽기만 하다.

발에 밟혀 부스러지는 가랑잎처럼 살이라고는 찾아 볼 수 없게 뼈만 남은 모습으로 항상 무엇인가를 애원하는 슬픈 눈의 어머니. 그래도 증손자를 보면서 좋아하시는 그 모습에서 옛날 푸근했던 어머니의 모습을 발견할 수 있으니, 한편으로는 더욱 애처로운 마음이 든다.

사람이 살아간다는 것이 이렇게도 어렵고 힘드니, 과연 잘사는 것은 무엇인가. 아무리 스스로를 채찍질해 보아도 모든 잘못은 항상 나에게로 귀착되고 만다. 어떻게 해야만 한삼희 선생의 마음을 읽어 사람답게 살 수 있을는지, 오늘도 고민하고 또 고민한다.

공원 벤치에 멍하니 앉아 있자니 걷기 운동을 하는 아버지를 부축하며 걸어가는 아들의 모습이 눈에 들어온다. 그런 효자를 가진 그 노인은 얼마나 행복할까. 나의 어머니는 무슨 잘못으로 나 같은 자식을 두시었는지. 어머니 생각에 부러워 눈물이 난다.

젊은 시절 그토록 아름답던 어머니는, 전쟁 중에 자식들을 거둬 먹이시느라 당신의 끼니는 제대로 챙기지도 못하시며 힘든 길을 걷고 또 걸으셨다. 그렇게 젊은 시절을 사랑과 희생으로 보내시고 이제는 낙엽 마냥 초라하게 늙으신 그분의 얼굴이 눈앞에 아른거려 현기증이 인다. 무슨 죄를 지었기에 이런 천형의 병을 앓고 계신지 부처님께 진심으로 여쭙고 싶어 보광사 가는 길을 물끄러미 쳐다본다.

神이여! 우리 어머니를 보살펴주소서.

- 2004년 10월 16일

살아간다는 것

10여 일 만에 어머니를 찾아뵈었습니다. 휠체어에 멍하니 앉아 계신 모습이 가슴 아파, 아들과 함께 병실에서 모시고 나와 잔디밭에 앉았지요. 누군지 알아보시겠냐고 물으니, 손자임은 아시면서도 몇 째인 줄은 모른다고 답하시기에 그저 실없이 웃었습니다.

초코파이 하나를 드렸더니 눈치를 보시고 입에 넣으십니다. 조금씩 드시라고 해도 한꺼번에 입에 넣으시고 또 눈치를 보십니다. 그 눈이 마치 맹수에 쫓기다가 쓰러진 슬픈 사슴의 눈 같습니다. 아이스크림 한 개를 드시고 춥다고 들어가자 하시는 어머니의 휠체어를 밀면서 마냥 눈물을 흘렸답니다. 누가 그렇게 만들었습니까? 하늘을 보고 스스로를 원망했습니다. 내 자신이 너무 미웠습니다.

자식들과 동기간들은 신경도 쓰지 말고 병원에 가지도 말라고 합니다. 자식들이 차로 태워주지도 않고 혼자 가지도 못하게 하니, 어머니가 보고 싶을 때 갈 수도 없는 것이 너무 서럽습니다. 돌아오는 길, 들녘의 풍성한 벼이삭과 과일을 보니, 살이라고는 하나도 없고 뼈와 가죽뿐인 어머니의 정강이가 떠올라 발이 부들부들 떨리고 현기증이 났습니다.

어떻게 해야 사람 노릇을 하는 것입니까? 초코파이 드시던 모습이 밤새도록 꿈속에서 보였습니다. 어머니께 "내가 누구냐"고 여쭈어보아도 어머니는 "몰라" 하고 답하시고 파란 하늘만 쳐다보셨답니다. 진실로 산다는 것이 너무 슬프다는 것을 새삼 느끼게 되는 나날입니다.

神이여! 어머니의 정신이 돌아오게 해주소서….

– 어느 일요일

감나무를 보며

파란 하늘을 떠가는 흰 새털 구름과 함께 가을이 왔습니다. 어느 새 뜰 앞 감나무에는 가지가 휘어지도록 감이 달렸습니다. 누구의 도움도 없이, 그 흔한 약 한 번 주지 않았는데 말입니다. 아내는 초여름 폭풍에 감이 떨어진다고 안타까워 했었는데 그 시기를 무사히 견디고 무성하게 달린 감은 모두에게 기쁨을 줍니다. 까치들이 무리지어 감나무에 앉아 포식을 해도 그저 기쁘기만 합니다.

얼마 있으면 그 감나무는 무성했던 잎을 모두 떨구고 시커먼 裸木으로 변하겠지요. 그래도 오고가는 사람들이 감나무를 쳐다보고 기뻐하고 있으니 더욱 기분이 좋답니다. 튼실하게 익어 가는 감을 바라보면 시기, 절망, 미움, 두려움을 모두 잊게 되고 기쁨, 사랑, 즐거움만 충만하게 됩니다. 병이 깊은 어머니를 떠나보내던 날, 감나무 그늘이 그렇게도 저를 우울하고 절망스럽게 했건만 이제는 그 괴롭던 순간을 모두 잊었으니, 아무리 생각해도 망각이라는 것이 얼마나 사람을 행복하게 하는지 놀라울 뿐입니다.

그 감나무는 1985년 이사할 때 10여 년생 나무를 옮겨 심은 것입니다. 이제 근 36년이 되었는데도 한창 젊음을 과시하고 여전히 풍성한 결실을 맺고 있습니다. 문득 저의 삶의 길에는 어떤 열매를 맺었나 생각해봅니다. 감나무의 푸름은 여전한데 저만 속절없이 늙어버린 것은 아닌지요.

감을 따서 연시가 되면 어머니가 드실 수 있기를 바라며 즐거워하시는 모습을 그려보았습니다. 그런데 뼈만 앙상하게 남은 어머니 모습과 잎을 모두 떨군 감나무의 모습이 자꾸만 겹쳐집니다. 어머니가 감나무로 감나무가 어머니로 변하여 신기루처럼 나타났다가 없어지니, 아마 제 마음에 늘 어머니가 계시기 때문인가 합니다.

– 2004년 10월 22일

눈물

가을비가 오고 갠 다음날, 어머니를 뵙고도 말을 못하고 그저 손만 잡고 바라보고만 있었답니다. 파란 가을 하늘 아래 회색 벽으로 된 병동에서 당신은 아들의 손가락을 한 시간 동안 잡고 이렇게 세고 저렇게 세셨습니다. 마치 아들의 손가락이 다섯 개가 아니고 100개, 1000개는 되는 것처럼 세고 또 세셨답니다.

당신 앞에 벙어리가 된 아들을 눈물마저 마른 슬픈 눈으로 망연히 쳐다보시니, 질책하실 만도 하건만 어머니의 눈빛은 원망스런 눈이 아닌 사랑이 담긴 눈빛입니다. 마치 손가락을 세시면서 '나는 네 마음을 안다. 이놈. 너는 내 자식이기 때문에 용서하고 사랑한다.' 고 말씀하시는 듯하니, 이 자식의 가슴은 터질 것 같습니다.

어머니의 얼굴에서 〈빠삐용〉의 주인공 스티브 맥퀸이 꿈을 꾸고 있는 듯한 환상을 보았습니다. "이놈 너는 시간만 허비하는구나?" 하는 꾸지람의 말이 갑자기 왜 생각이 날까요? 문득 이렇게 허무한 시간을 흘려보내면 머지 않아 어머니께서 돌아가시는 날이 다가올 것임을 알았습니다. 저는 그것이 너무나 슬퍼 어머니 곁을 떠나서 밖으로 나와 집으로 와버렸답니다.

집에 와서 어머니의 빈방을, 우리에 갇힌 짐승처럼 현기증이 나도록 돌고 또 돌았습니다. 그렇게 슬픔의 시간이 어서 가기만을 바라는 멍텅구리 바보가 되었답니다. 떳떳하게 파란 하늘을 바라보며 울지도, 소리를 지르지도 못하는 가슴을 아프도록 두드려 보았습니다. 마치 비수로 가슴을 꼭꼭 찔려 난도질 당하는 것 같아 빈방에서 마냥 뒹굴고 뒹굴며 혼자서 목놓아 울었답니다.

어머니께서 손가락을 세어보시던 그 모습과 정을 생각하며…. 그래도 삶을 이어가려고 몰염치하게도 잠을 청했습니다.

- 2004년 11월 28일

면 회

초겨울 쌀쌀한 아침, 아내와 집을 나섰다. 동작동 다리를 건너면서도 왜 다리를 건너야 하는지, 어디로 가고 있는지도 잊은 채, 그저 잔잔히 흐르는 한강을 내려다본다. 문득 차를 몰고 있는 아내의 얼굴을 보고 있자니 그저 내 모습이 부끄럽고 가슴이 아프다. 병원에 누워 계신 어머니를 뵈러 가는 것이 마치 커다란 일이나 하러 가는 것처럼 행동하는 내 모습이 가증스럽다.

반포아파트에 사는 아들과 같이 가기 위해 아파트 앞에 다다라 큰아이에게 전화를 했다. 아들 며느리에게 무엇을 보여주려고 같이 동행하자고 했는지 스스로 반문해본다. '내가 늙으면 너희들도 이렇게 하는 것이 효도하는 것' 이라고 가르쳐주기 위함인지, 아니면 '나처럼 어머니를 버린 자식이 되어서는 안 된다' 는 것을 보여주기 위함인지 도저히 생각이 나지 않고, 며느리 얼굴을 쳐다볼 용기도 나지 않는다.

삼대가 차를 같이 타고 소풍가는 기분으로 서울을 떠나

병원으로 향하다가 "큰 누님께서 병환 중이신데 한 번도 가 뵙지 못했으니 안성부터 가자."고 했다. 이것도 아이들에게 낯을 세우기 위한 뻔한 위선이면서도, 돌아올 때의 교통을 생각해서 누님 먼저 뵙고 어머니 뵈러 가자며 일의 순서를 따지고 있는 내 모습이 사악하고 또한 가증스럽다.

누님 댁에 들러 조카며느리가 해주는 점심을 먹노라니, 이미 양심의 가책은 잊은 지 오래다. 오히려 평소보다 맛있게 식사를 하니 과연 무엇이 내 얼굴을 이다지도 두껍게 만들었단 말인가. 그래도 잠시나마 건강을 되찾은 누님을 보며 남매간의 정을 나누니 조금이나마 마음 한구석이 따듯해짐을 느낀다. 그러나 떠나는 길에 증조부 산소 옆을 지나면서도 자식에게 성묘하고 가자고 할 용기조차 없어 말도 꺼내지 않고 비겁하게 지나고보니, 다시 마음은 압박감과 죄스러움으로 가득 차 있다.

찐 고기만두 열두 개를 사서 마침내 병원에 도착해, 주무시고 계시는 어머니 모습을 대하니 정신이 번쩍 든다. 내가 지금 과연 무슨 짓을 하고 있는지 모르겠다. 어머니를 깨워 "낮에 주무시지 말고 밤에 주무시라."고 말씀 드려보지만 나를 쳐다보는 그 눈에는 원망이 가득 담겨 있다.

큰 아이가 어머니를 휠체어에 태워 일층 현관으로 모시고 내려와 사온 만두와 인삼정, 그리고 아이스크림을 입에 넣어드린다. 어머니는 잡수시면서 처음부터 끝까지 한마디 말씀도 없이 눈물만 흘리신다. 가져간 휴지로 닦고 또 닦아 드려도 연신 눈물만 흘리신다. 혹여 어머니의 눈물을 닦고 만두 조각을 집어 입에 넣어드리는 내 손이 비수가 되어 어머니를 마구 찌르고 있는 게 아닌가 하여 화들짝 놀랐다.

한 시간 동안 처음부터 끝까지 한마디 말씀도 하지 않으시고 증손자들을 물끄러미 바라보시는 어머니의 초점 잃은 눈을 차마 볼 수 없어 고개를 돌리고 만다. 간호사와 간병인들은 큰자식만 오면 더욱 상태가 나빠지시니 걱정하지 말라고 위로하지만 나의 부끄러움은 사라질 줄 모른다. 병원의 회색 벽이 그렇게도 나를 공포의 소용돌이로 몰아넣을 줄은 진실로 몰랐다.

어머니가 자꾸 주무시니 더 이상 밖에 있지 못하고 그냥 병실에 모시고 갔다. 그러나 어머니의 뒤를 따르는 내 모습이, 마치 상여 뒤를 따라가는 듯 느껴져 발길이 떨어지지 않는다. 어머니가 병상에 누워 잠이 드시니 흉한 생각을 더욱 떨쳐버리기 힘들어 눈물을 주체할 수가 없다. 불현듯 의

자에 앉아 있는 아내의 여유 있는 모습이 원망스러우니 그 이유도 눈물이 나는 이유도 모른 채, 자식들에게 부끄러워 화장실로 향했다. 한참을 울다가 세수를 하고 나왔지만 여전히 눈앞에 안개가 낀 것처럼 세상은 뿌옇기만 하다.

내가 사악한 아들인 것은 틀림없지만 그래도 어머니를 만나는 순간만은 기뻐야 하는데, 만날 때나 떠날 때나 슬픔과 증오만 남는다. '왜, 왜, 왜 나는 이렇게 밖에 어머니에게 할 수 없을까?'라는 의문을 가지면서 손자를 안고 문을 나섰다. 뻔뻔스런 내 모습을 손자 놈들이 이해해 주기를 가슴 속으로 바라면서 말이다.

"어머니 저를 용서하지 마십시오. 그리고 만약에 이승을 다하시고 저승에서 만나면 반대로 태어나게 해주소서." 고사목 같은 어머니의 모습을 보며 아무리 용서를 빌어보아도 이놈! 하는 호통도, 나쁜 놈이라고 질책도 듣지 못하고 그냥 돌아서야 하는 내 모습이 오히려 가련하여 신을 원망해본다.

– 2004년 12월 12일

버릇

나에게는 버릇이 하나 있다. 그것도 아내와 자식들로부터 잔소리를 듣게 되는 그런 버릇이다.

거의 일생 동안 직장 때문에 아침 5시, 6시에는 출근을 해야 했기에, 적어도 새벽 4시에는 일어나 볼일을 보아야 하는 것이 그 버릇으로, 만약 그 시간에 화장실에 가지 못하면 하루 종일 변비로 고생하게 된다. 이제 그렇게 일찍 출근할 필요가 없음에도 평생을 가져온 버릇이라 자명종 시계처럼 정확하게 일어나 새벽마다 집안을 돌아다니니, 식구들에게 타박을 듣게 되는 것이다.

그런데 요즘 또 한 가지 버릇이 생겼다. 어머니를 모시다가 병원으로 쫓아버린 후, 화장실을 다녀오면 반드시 어머니 방에 가 앉게 되는 것이다. 어머니를 버린 자식이지만 그래도 어머니 냄새를 맡아야만 마음이 편한 때문이다. 계실 때는 그 냄새가 너무나 참기 어려웠는데 이제 계시지 않으니 오히려 그 냄새가 사라질까봐 겁이 난다.

매일 매일 어머니 방에 앉아 신문을 뒤적이며 냄새를 통해 어머니 모습을 떠올릴 때마다, 그 냄새가 내 코를 자극할 수 없을 만큼 옅어지면, 어머니를 잊게 되는 것은 아닌가 하는 생각에 가슴이 아프고 현기증이 난다. 어머니의 냄새가 이렇게도 그리울 줄은 몰랐다.

금년 들어 제일 춥다는 오늘도 빈방에 앉아, 병원 침대에 누워 있는 어머니의 모습을 상상하니 하얗게 드러난 뼈가 눈에 아른거린다. 마음 속으로 그 하얀 뼈를 하나하나 헤아려보니 손이 떨리고 심장이 멈추는 것 같다. 그래도 오늘도, 내일도 어머니 방에 들러 냄새를 맡는 것이 나에게는 일과처럼 되어버렸기에 그만둘 수 없음이 슬프기만 하다.

이제 삶의 길에서 가장 힘겨웠던 원숭이 해가 며칠 남지 않았고 닭의 해가 오고 있다. 닭의 해에는 건강을 회복하여 그 지독한 냄새 맡는 것이 진실한 행복임을 깨달으며 어머니를 모실 수 있기를 神께 기도해본다. 어머니 방에 앉아서 강아지가 킁킁거리며 어미를 찾는 것과 같은 내 버릇이 끝나기를, 그리고 방 한구석에서 그 옛날의 모시 치마 저고리에 은비녀를 꽂은 우아한 어머니 모습을 다시 볼 수 있기를….

– 2004년 12월 겨울

설의 슬픔

설에 고향집에 서 있노라니 처절한 외로움과 슬픔이 느껴져 가슴이 저려온다. 옆집에 살던 진대 고모 댁과 앞집에 살던 5촌 당숙이 땅이 높아서 농사짓기 힘들다며 아랫마을로 이사 간 후, 그 집들은 모두 헐려버렸다. 또 뒤쪽에 살던 친족 아저씨 댁도 집터만 덩그렇게 남기고 이사를 가셨으니, 이제 남은 것은 외로이 홀로 선 우리 집뿐이다. 아니 외롭다기보다는 혼자 서 있기가 너무나 힘이 드는 것처럼 초라하게 보인다.

어렸을 때 그믐날이면 떡메 치는 소리가 하루 종일 그치지 않았는데 이제는 모든 것이 변했고, 또한 어머니께서 병원에 계시니 내 모습이 마치 만주 벌판에 혼자 서 있는 것처럼 춥고 가슴이 쓰리다. 어머니가 안 계시다는 것이 이렇게 나를 아프게 할 줄은 정말 몰랐다.

옛날 유가의 관습으로 가정에 환자가 있으면 차례를 올리지 않는다고 했는데 기제사와 차례를 계속 올리지 않는 것이 안타까워 환자를 12년 동안이나 옆에 두고 내 식대로 제사를 올렸다. 살아 계신 어머니 한 분 못 모시면서 조상께 제사 올리는 것이 마음 아프지만, 오랫동안 제를 올리지 않는 것도 그저 핑계라고 생각했기 때문에 몇 번의 기제사를 거른 후에 그냥 내 식대로 제를 올리기로 한 것이다.

옆집 아저씨 댁은 자식 혼사 날을 받았기에 차례를 지내지 않는다는 누님 말씀을 듣고 누가 옳은 일을 하는지 잠시 생각해보았다. 무엇이 진실일까? 모두 마음이 문제지, 옳고 그름을 이야기하는 것은 그렇게 중요하지 않을 것이다.

차례를 올리고 어머니가 계신 병원에 갔으나 조금도 차도가 없으시다. 우황청심환을 사가지고 오라시기에 드시기 편하도록 물로 된 것을 가지고 갔으나 그것조차 잘 넘기지 못하신다. 대체 나는 무슨 인연으로 어머니의 고통을 봐야 하는가. 이것을 부처님 '인연법'으로 보면 전생에 무슨 악연이 있었던 모양이다.

때가 때인지라 TV와 라디오에서는 한결같이 부모님 이야기만 흘러나오니 귀 둘 데, 눈 둘 데를 찾지 못해 민망하고 가슴이 아프다. 차라리 혼자 있고 싶어 지하실 방에 앉아 FM에서 흘러나오는 첼로 연주를 들어보지만, 가슴은 여전히 흐느끼고 있다.

낮에 뵙고 온 어머니 모습이 머리 속을 떠나지 않고, 또 언제 삶을 마감하실 줄 모른다는 생각이 드니 마음이 조급해진다. 아내에게 "보름이 지나면 어머니를 서울로 모셔오자"는 이야기를 하노라니 목이 메어 말끝을 흐리게 된다.

이런 명절이 돌아오지 않았으면 마음이나 편했을 텐데. 'Silver spoon syndrome' 병에 걸린 지난날의 삶을 반추해보며 앞으로 어머니 모습을 볼 수 있는 날이 과연 얼마나 될까를 생각하니 하루하루가 죄인의 심정이다.

맑은 하늘이 원망스럽다. 차라리 눈이라도 펑펑 쏟아졌으면 하고 바라면서 죄 없는 벽을 주먹으로 두드려 보았다. 건조하고 딱딱한 감촉이 마치 뼈만 앙상하게 남은 어머니의 몸과 같다.

– 2005년 닭의 해 설날 아침에

가슴 아픈 만남

동해안에 100년 만의 큰 눈이 온 날 아침, 무엇에 쫓기는 모습으로 아들, 손자, 며느리 온 식구 여덟 명이 어머니를 면회하려 집을 나섰다. 지옥 같은 감옥으로 면회 가는 자식의 마음은 말조차 하기 싫고 봄조차 오지 말기를 바라는 심정이지만, 그래도 손자들 둘이서 재잘거리며 싸우다, 웃다 하는 모습에 어느 새 마음이 밝아진다.

마치 42㎞를 달리다 지친 모습으로 병원 문을 들어서면서 구내매점에 들러 영치금 유무를 확인하고 2층 병실을 찾는다. 지난주에 어머니의 상태가 나빠서 튜브로 음식물을 투여하겠다는 의사의 연락을 받고 허락하면서, 어떤 행동이 어머니에 대한 최상의 방법인가를 며칠 동안 생각해 보았지만 그 방법을 찾지 못했는데, 생각했던 것보다 훨씬 좋아지셔서 눈물이 왈칵 쏟아졌다.

직장 관계로 오랜만에 나타난 손녀딸을 보고 반가워하시는 모습이며, 병원 가운을 입은 모습이 그렇게 처량해 보일 수가 없다. 풀어헤쳐진 가슴을 만져보니 따뜻했던 그 가슴이 겨우 숨만 쉬는 것 같아 손이 떨려온다. 나뿐이 아닌 6남매가 뱃속에서부터 나와 먹고 자란 젖은 마치 가을에 떨어져 뒹구는 낙엽 같아 만지면 곧 부서져 버릴 것 같고, 버릇처럼 매만지던 까만 젖꼭지는 너무나 줄어들어 만지기조차 무섭다. 한 시간 동안 어머니 가슴에 손을 얹고 앉아서, 말없이 눈물만 흘리시는 모습과 링거 병에서 한 방울 한 방울 떨어지는 링거액 방울을 멍하니 바라보면서, 왜 이렇게 힘든 길을 걷게 되셨는지 혼자 묻고 또 물었다.

어머니의 피와 땀으로 생을 유지했고 어머니의 걱정으로 바로 설 수 있었으니, 어머니의 그림자가 없었다면 나라는 한 인간은 이미 없어졌을 것이다. 그렇게 모든 것을 주신 어머니가 나에게 바라셨던 것은 무엇일까? 돈을 많이 버는 것일까? 아니면 사회에 이름을 남기는 것이었을까? 보통 사람으로 건강하게 살아가는 것일까? 왜 그렇게 먹을 것 안 먹고 입을 것 안 입고 자식을 위해 희생하셨을까? 그 희생의 대가는 무엇일까?

10평 남짓한 병상에 같은 처지인 노인들과 누워서 무슨 생각을 하고 계실까? 증손자들을 보며 웃으시는 모습이 그래도 또 언제든 희생을 하시겠다는 표정이라 울컥 화가 난다. 일어나셔서 따귀라도 한 대 때려주셨으면, 그러면 어머니 손이 약손이던 어린 시절처럼 당장 내 모든 병이 다 나을 것 같다.

그러나 혈관이 약해져서 링거액이 새어 왼쪽 팔이 퉁퉁 부어도 그 아픔조차 모르시고, 홍삼원 드링크를 드시는 일조차 힘에 부쳐하시니, 그 모습을 보는 자식의 마음은 비통하고, 병을 들었던 손은 힘이 쭉 빠지면서 떨려오기 시작한다. 무서움에 질렸을 때와 같이 가슴이 멈추고 숨을 쉴 수가 없어, 마치 지옥으로 가고 있는 듯한 느낌이다. 드시다 남은 병을 겨우 내려놓으며, 이런 자식의 마음을 아시는지 모르시는지 마냥 누워 계신 어머니를 원망해본다.

늘 그렇듯 어느 새 면회를 마치고 돌아가야 할 시간이 되고, 나는 간병인에게 어머니를 맡기는 것이 당연한 것처럼 뻔뻔스럽게 어머니 곁을 떠날 시간을 헤아린다. 그러나 눈은 벽에 걸려 있는 시계를 응시하면서도, 손은 여전히 어머니의 가슴 위에 올려져 있어 내려올 줄 모른다. 누군가 내 손을 칼로 쑤시는 듯한 아픔을 느끼면서도 손은 어머니의 손가락을 놓지 않으려고 몸부림친다. 손자들이 배고프다고 소리쳐도 차마 그 손을 놓을 수가 없다.

그래도 떠나야 하는 시간에 도달하면 내 행동은 짐승처럼 무지막지하게 변하니, 휘청거리는 몸을 간신히 일으켜 세우고 화장실에 간다는 핑계로 한바탕 눈물을 흘리고 나서 어머니를 팽개치듯 두고 문을 나섰다. 항상 만나 뵐 때마다 짐승이 아닌 사람의 마음을 되돌려보려 하지만, 오늘도 어머니를 회색 감옥에 모신 채로 발길을 돌리니 결국 짐승 같은 마음을 떨치지 못하였다.

진실로 이렇게 추한 내 모습이 손자들의 마음에 투영되지 말기를 빌면서 집으로 향했다. 강가에서 유유히 낚시를 즐기는 태공들의 모습이 오늘따라 부러워 보임은 벌써 내가 죄인임을 잊은 탓일 것이다.

– 2005년 2월 6일

부처님 탄신일

창 밖의 하늘은 구름 한 점 없이 쪽빛이다. 라일락 잎새가 바람에 파르르 떠는 모습이 오늘따라 애처롭게 보인다. 전 같으면 초파일날 세 곳의 절을 다녀야 복을 받는다는 말 때문에 부지런히 이 절 저 절, 인연이 있다는 절에 찾아가 가내의 평안과 소원을 빌었을 텐데, 오늘은 절에 참배 가자는 아내의 말을 따르지 않고 하루종일 방안에 누워 창 밖 풍경을 보고 있다. 벌써 감나무 잎새가 무성하고 감 꽃 봉우리가 굵어졌건만 어머니는 봄소식도 모르신 채 그저 회색 병동에 누워 삶의 종착역을 향해 조금씩 다가가고 계시다.

절에 가지 않은 것은 目連尊者의 어머니에 대한 이야기가 떠올랐기 때문이다. 그러한 자식도 있건만 나는 생각할수록 금수와 다를 바 없으니, 무슨 면목으로 부처님 앞에서 무언가를 바란단 말인가. 또 지은 죄가 이렇게 많으니 필경 벌을 받을 것임을 알기에 부처님 앞에 나서서 꾸짖음을 받을 용기조차 없다.

라일락 잎새를 떨게 하는 바람처럼 진실로 나의 죄를 뉘우치게 하는 신통한 바람이 일어나기를 기다리며, 내 마음은 회색 병동에서 관절조차 구부리지 못하고 링거에 의지해 삶을 연명하는 어머니 곁에 가 있다. 집에서 편히 누워서 생각만 하는 내 모습이 정말로 원망스럽지만, 어머니를 만날 때마다 '괜히 왔구나' 라고 느끼는 때가 많고, 실망과 애환이 중첩되어 가슴 속에 한만 깊어진다. 과연 동기간에 대한, 조상에 대한 원망으로 가득 찬 내 마음은 어디로 향하고 있는 것인가.

이런 날들이 얼마나 더 계속될 것인지 스스로에게 물으면서도 한편으로는 "모실 수 있는 어머니가 계시다는 것이 얼마나 행복한 삶인가"를 말씀하시는 법정 스님의 설법을 되새김질해본다. 目連尊者는 돌아가신 어머니를 지옥에서 구해왔다는데, 병마에 시달리며 고통을 겪으시는 어머니를 나는 어떻게 하면 구할 수 있을까. 부질없는 질문을 부처님께 던져 보지만 해답은 없고 해만 저물어간다.

손자 아이 말처럼 해가 저무는 것이 잠자고 밥 먹어 내일 다시 뜨려는 것이라면, 내가 오늘 잠들고 내일 아침을 먹어야 하는 이유는 어디서 찾아야 하는 것일까.

– 2005년 4월 8일

삶과 죽음

병원에서 한 번 다녀갔으며 좋겠다는 전화가 왔다. 어머니께서 위독하시냐고 물으니 그런 것은 아니고 그냥 다녀가란다. 그래도 의심이 가 동생에게 병원으로 오라고 기별해 놓고 아내와 같이 병원으로 향했다. 그렇게 막히던 고속도로도 오늘은 내 마음을 아는지 뻥 뚫리어 거침이 없다.

병원에 도착하여 담당의사를 만나니 어머니의 상태가 좋지 않다는 말과 그럼에도 오늘, 내일은 문제가 없으니 집에 가서 자고 다시 오란다. 계시던 병실을 찾으니 이미 중환자실, 다시 말하면 운명을 기다리는 방으로 옮기셨다. 어지럽게 놓여진 산소통에 의지해, 비닐로 만들어진 산소 호흡기를 양쪽 귀에 걸고 가늘게 눈을 뜨고 계신 어머니의 모습이 너무나 힘겨워보인다. 무슨 약물인지 모르지만 세 가지 약물의 링거가 양손에 꽂혀 들어가는 모양새가 그래도 살아계심을 확인시켜주는 듯하다. 문득 각종 의료 기기에서 나는 소리는 마치 저승사자가 "네 어미를 데려 가겠다. 이놈. 네 죄를 네가 모르느냐" 하는 질책의 소리로 들린다.

누님 세 분과 형제, 아내, 제수씨가 곁에 앉아 숨을 몰아 쉬시는 어머니를 보며 슬픔에 잠겨 있지만 정작 어머니는 한마디 말씀도 못하신다. 가끔가다 담당의사와 간호사가 눈동자를 플래시로 비춰보고 가는 것 외에는, 모든 것이 기계처럼 움직일 뿐이다. 그리고 돌아가시면 입으실 옷을 가져오라는 얘기가 전해진다.

둘째 누님과 동생이 옷과 수의를 가지러 갔다. 그 사이 나머지 사람들은 한끼 굶는 것이 무에 그리 대수라고 근처 식당에 가서 점심과 저녁을 꾸역꾸역 먹는다. 한 시간 후에 누님께서 어머니 옷과 수의를 갖다 침대 머리맡에 놓고, 이렇게 시작된 삶의 여로가 48시간 동안 지속되었다. 숨쉬기조차 고통스러워하시는 어머니의 모습을 보고 참을 수가 없어, 차라리 산소 호흡기를 떼어내고 싶은 마음까지 생겼다. 어머니를 죽이려는, 살인을 하려는 마음 말이다.

점심 후 담당의사가 위에 내출혈이 생겼다며 조치를 취했다. 여전히 상태는 조금도 변함이 없으시다. 오후 네 시쯤 되어 멀리가지 말라는 통첩을 받고 일 때문에 서울에 간 동생에게 놀라지 말고 조심해서 운전하고 오라는 연락을 취하고 나니 등줄기에 진땀이 나고 온몸이 떨린다. 약 한 시간 후에 동생이 오니 모든 자식들이 다 모인 셈이 되었고, 그런 와중에도 끼니를 챙길 시간이 다시 돌아오니, 산 사람은 살아야 된다며 저녁을 먹으러 간다. 왜 저녁을 좀 굶으면 아니 되는지 생각조차 하지 않고, 삶을 등지려는 어머니를 놔두고 다들 무심히 죄를 지었다.

저녁을 먹고 돌아오니 밤 아홉 시가 되었다. 어머니는 계속 숨을 몰아쉬고, 링거에서 들어가는 물방울은 더 이상 들어가지 않는다. 담당의사가 옆에 놓여진 의료기기의 숫자가 40 이하로 떨어지면 돌아가신 것이라고 설명하고 떠나자, 모든 자식들이 어머니 대신 그 숫자가 내려가는 모습을 쳐다보고 있다.

큰누님이 어머니 발을 꼬집어보신다. 아무런 반응이 없다. 의료기기의 숫자는 100에서 70까지 계속 오르내린다. 마음은 점점 더 아파오고 누님들 눈에는 눈물이 흐른다. 엉엉 울지도 못하고 억지로 참으며 어머니의 마지막 모습을 보는 눈은 마치 썩은 동태눈 같이 멍하고 눈앞은 안개가 낀 듯 뿌옇다. 정확하게 9시 40분, 어머니는 숨을 한번 몰아쉬시더니 더 이상은 미동도 없고 모든 것이 끝났다. 의료기기의 그 지겨운 시그널도 멈추었다. 그리고 당직의사가 와서 운명하셨음을 알린다.

내 딸보다 훨씬 어린 간호사가 마지막으로 팔에 꽂힌 주사바늘을 제거하고 기계로 심장이 뛰는가를 확인한다. 간호사의 손이 파르르 떨리고 모든 의료기기가 어머니로부터 떨어지는 순간, 이제는 영영 천에 고아가 되었음을 실감한다. 평소 외출할 때에 입으시던 옷으로 누님들께서 갈아 입히신다. 돌아가셔서 무릎이 펴지지 않지만 그래도 옷을 갈아입으신 모습이 아름답다는 생각이 든다.

장의사에서 와서 시신을 옮긴다. 그 모습이 너무나 기계적이고 사무적이다. 집에서 기르던 누렁이가 죽었을 때 내가 하던 모습보다 못한 것 같다. 내가 어머니의 마지막 길에 한 일이라고는 그냥 값싼 눈물이나 흘리는 것이 고작이다. 지난 92년의 세월을 잊고 모든 걱정을 놓고 가시기를 마음 속으로 빌며 시신을 장의사 직원에게 인계하고 색 바랜 사진 한 장만 들고 돌아선다. 감정도 없는 돌로 만든 석상처럼 말이다. 이것이 나와 어머니가 맺은 인연의 탯줄을 끊는 내 모습이다. 너무나 가증스럽다. 일생을 바쳐 자식 걱정만 하신 대가가 겨우 이것뿐이다. 안치실 문을 닫는 철제 문소리에 그래도 못난 자식이었음을 죄스러워하며 어머니의 삶은 정리했다.

이제 나는 어머니를 팔아 돈을 받을 것이고 거짓 슬픈 모습을 할 것이다. 어머니를 가슴에 묻지 않고 땅에 묻을 것이고 어머니를 가슴에서 지울 것이다. 그리고 뻔뻔스럽게 살아갈 것이다.

- 2005년 6월 3일 어머니와 영원히 이별하고 내 마음을 적다.

영구차에서의 대화

"할아버지. 왜 차를 타고 가지?"

"증조할머니께서 혼자 가시기 외로울까봐."

"할아버지 지금 어디로 가는 거야?"

"증조할머니 모시러."

"어떻게 하는 건데?"

"네가 제사 올리던 증조할아버지 산소처럼 모시려고."

"그러면 땅에 묻는 거야?"

"그렇단다. 이제는 영원히 할머니를 볼 수 없다."

"할아버지 이따 집에 올 때는 뛰어서 집에 오면 안 돼?"

"왜?"

"그냥 뛰어오고 싶어서."

무덥고 찌푸린 하늘과 손자의 얼굴을 번갈아 보며 어머니를 땅속에 묻으러 간다. 고려장할 때 생각은 하지 않고 눈물만 자꾸 흐른다. 손자의 마음도 내 마음과 같겠지. 과자를 입에 넣어 주며 한없이 다정한 눈으로 바라보던 그 사람이 이제는 없다는 생각을 하겠지.

하관식을 하고 반혼제를 치른 후, 손자의 모습이 보이지 않는다. 영정을 모시고 집 어귀에 오니 이미 그곳에 당도해 있다. 2km 정도를 뛰어서 온 것이다. 마치 증조할머니와의 약속을 지키는 것처럼. 그 모습에 더욱 가슴이 아리다.

- 2005년 6월 7일

펜잘과 케토톱

비 오는 어느 날, 아내가 어머니께서 기거하시던 방을 구석구석 청소하다, 못 볼 것을 본 것처럼 펜잘 한 갑과 케토톱 두 봉지를 집어 들고 식탁 위에 올려놓는다. 아침밥을 먹으려던 나는 두 가지의 약을 보고 이내 눈물을 흘린다. 아무 이유도 없이 그냥 자꾸 눈물이 나온다.

펜잘은 늘 그 약을 너무 과용하신다는 잔소리 끝에 사다 드리곤 했던 약이다. 그런데 어머니는 결국 한 갑을 남겨놓고 삶의 길을 접으셨으니, 마치 '너 이놈! 이 약봉지를 보면서 내 아픔이 얼마나 심했는가를 상상하라!' 고 말씀하시는 것 같다.

또 어머니께서 미처 다 사용치 못하신 케토톱 역시 내게 어머니의 고통을 고스란히 전해준다. 요사이 오십견에 걸린 내가 요긴하게 쓰면서 그것을 붙일 때마다, 어머니를 떠올리게 하는 물건이다. 이런 일시적인 고통을 참지 못해 물리치료, 지압, 침, 그리고 파스 등등 이름도 모르는 약을 마구 먹어대는 지금 내 모습이, 오히려 광인으로 생을 마감하신 어머니 모습보다 더 광기 어린 것은 아닌지 반성해본다. 또 이렇게 하나하나 어머니의 흔적을 지우는 것이 일상 생활이 되어가고 당연한 듯 빨리 잊으려는 내 모습이 부끄러워 나도 내 속뜻을 모르겠다.

어머니 방에 어머니 대신 자리한 운동기구 위에 올라서서 앞뜰의 무성한 감나무 잎을 본다. 가을이 오면 감나무는 그 무성한 잎을 떨구어 알몸이 될 것이다. 어머니 역시 그 나무처럼 이제 아무것도 가지지 않고 걱정도 없이 편안하게 또 다른 길을 떠나셨다. 북한산의 푸르름을 향해 소리쳐 본다. 언제가 되어야 어머니의 마음을 깨달을 것인지, 稀壽 때 찍으신 빛 바랜 사진을 만지며 어머니의 사랑을 떠올린다. 어머니는 자신을 고려장한 자식을 저승에서도 사랑하시겠지.

– 2005년 7월 1일

49젯날에

오늘이 벌써 어머니께서 나와 인연을 끊고 삶을 정리하신 지 49일 째 되는 날이다. 온가족과 사촌들이 부처님 앞에 앉아 스님의 독경소리를 들으며, 한 사람이 살아온 지난 일들을 생각하며 극락에 가시기를 빌고 살아 남은 자식들에게 보살핌을 달라 기원한다. 독경을 하시는 스님의 말씀을 듣노라니 기쁨과 슬픔이 교차하고 이내 어머니와 함께했던 지난날의 삶의 흔적이 눈앞에 펼쳐진다.

보글보글 끓던 된장찌개, 찌는 듯 더운 날 보리짚으로 불을 때며 무쇠솥에 밥을 짓던 모습, 호박 잎새에다 자반 고등어를 한 토막 얹어 밥에 쪄내는 모습, 늙은 오이로 생채를 만들어 맛있게 먹던 일, 미역에 오이생채와 식초 몇 방울을 탄 오이 냉국의 시원한 맛, 초겨울 늦게 돌아오는 식구들을 위해 화로에 올려놓은 찌개 끓는 냄새, 고구마와 밤 굽는 모습. 이 모두가 자식을 사랑하고 가문을 지키기 위한 어머니의 피나는 노력이었고 끝없는 희생이었다. 마치 파도가 밀려왔다 밀려가고 숨이 막혔다가 탁 트이는 듯, 어머니의 아름답던 젊은 시절과 병환이 들어 고통으로 응어리진 모습이 파노라마처럼 뇌리를 스치고 지나간다.

49제가 나에게는 무엇이며 어머니에게는 무엇인지 마냥 부처님께 여쭙고 여쭈어 보아도, 부처님께서는 웃음으로 답을 주실 뿐 나는 그 뜻을 조금도 이해 못한다. 어머니께 죄를 지었음을 고백하면서도 마음 한구석에 무서운 악의 씨가 자라고 있어 여전히 복 받기를 바라는 마음을 느끼는 순간, 눈물이 왈칵 쏟아져 방성 통곡을 하고 싶다. 어머니 옷가지를 태우며 目連尊者를 생각하고 다음에는 부디 좋은 집안에 환생하시어 그 고달팠던 우리 집에서의 삶을 보상받으시라고 빌면서, 말없이 어머니의 사진을 보고 또 본다.

법당을 떠나며 스스로의 죄를 생각하고 또 생각하니 용서받을 수 없음이 더욱 확실하다. 그래도 '어머니께서는 나를 원망하지 않고 건강하게 잘살라고 하시겠지' 하는 마음에 이르니, 마치 내 심성이 백주에 강도와 같이 느껴져 발길이 떨어지지 않는다.

단테의 〈신곡〉에 나오는 지옥의 그림과 연옥의 그림이 떠오른다. 7이라는 숫자는 행운의 숫자라는데, 지옥에서의 일곱 개의 고리와 연옥에서의 일곱 개의 고리를 풀어야 베

드로가 천당에 갈 수 있는 열쇠를 준다고 했다. 지장보살께 7에 7을 더해 일곱 번 제를 드리고 원을 했으니 지장보살께서 지옥의 열쇠를 잠그고 극락으로 가시도록 어머니의 영을 인도해 주셨을 것이리라.

손자들이 열심히 절을 하고 둘째 승우가 오체치두까지 했으니, 나의 죄 또한 부처님께서 용서해 주셨으리라 생각해본다. 37년 만에 제일 더운 날, 가족들과 헤어지며 무거운 발길을 돌려 집으로 돌아오니 그 펜잘 한 통이 어머니인 양 나를 기다리고 있다가 반겨준다.

이제 어머니는 돌아가셨다. 그리고 땅속에 계신다. 나는 또 금수처럼 살아갈 것이다.

– 2005년 7월 21일

Part 02

내 영혼의 안식처, 가족

아내에게 바치는 시

생명이 다할 즈음에 당신 앞에 서서
다소곳이 빈손을 내밀고 용서를 빌겠소.
항상 꼴찌만 하다가 당신 곁에 있으면
일등을 하려는 객기를 부렸소.
당신만 보면 말 못하는 이유를 알 것 같소.
삶의 여인숙에서 당신을 기다리며 용서를 빌겠소.

당신은

당신이 벌써 육십하고도 한 살이라니 내 마음이 너무나 허전하오. 나와 함께 서른세 번의 봄을 맞고 겨울을 보내며 당신의 곱던 얼굴엔 그늘이 지고 손마디도 굵어져 거칠어졌소. 산처럼 묵묵하고 바다처럼 넓은 당신은 아이들에게는 천사요, 나에게는 마음의 안식처였소. 좌절할 때는 용기를, 과욕을 부릴 때는 자제할 수 있는 삶의 지혜를 주었소.

혹독한 추위를 견뎌낸 나무가 더 푸르듯이 당신의 큰 고통과 번뇌로 인해 우리 가정은 더 견고하게 푸르렀고, 캄캄한 밤에 별빛이 더 빛나듯이 나를 바라보는 당신의 눈이 모든 것을 말해 주었소. 당신은 그저 바라만 봐도 마음이 편해지는 산이었고, 경이로운 행복감을 주는 하얀 눈이었소.

사랑의 그릇은 무엇을 넣어 채우는 것이 아니고 비워줌으로써 채우는 것이라 했소. 그러나 항상 당신이 비워주기만을 원했지 나는 정작 비울 줄 몰랐던 것 같소. 정말 미안하오. 지난 육십한 해에 삶의 영욕이 있었듯이, 남은 삶은 행복과 행운과 건강이 함께 있기를 부처님께 기도하오.

영원한 당신의 사랑으로부터….

– 2001년 2월 19일 아내의 환갑날에

아버지 前 上書

북한산 등산 후 집에 와 쉬고 있는데, 아버지께서 서울 오셨으니 이따 저녁에 집에 들르시겠다는 전화를 하셨습니다. 그러나 아버지는 이 소식을 마지막으로 남기고 생을 마감하시었으니, 저는 다시 뵈올 수 없음도 모른 채 잠만 자다가 새벽녘에야 소식을 듣고 병원으로 향했지요. 제 앞에 계신 그 싸늘한 몸을 대하고 무엇을 어떻게 해야 할 줄 몰라 말조차 잊었던 그 일이 있은 지 벌써 21년이 지났습니다.

아버지께서 생을 끝내시고 먼 나라로 가신 후, 회갑연 초청장이 오면 눈물이 앞을 가려 한 번도 가보지 못하는 소심증에 걸려, 오늘까지도 그 병에서 헤어나지 못하는 못난 몰골을 생각하면 참혹하기만 합니다.

아버지, 금년에는 5대 祖父 · 高祖 · 曾祖, 그리고 할아버지 문집을 번역하여 출판하려고 합니다. 아버지께서 초고를 잘 정리하여 주시지 않았던들 제가 어떻게 이런 일을 할 수 있었겠습니까? 아버지의 조상에 대한 그 존경심과 효심은 제가 감히 따라갈 수 없음을 다시 생각하게 됩니다. 우리 가문의 역사가 기록되고 정리된 책이 햇빛을 보는 날,

훌륭한 가문에 태어났음을 자부하며 자식들에게 무엇인가를 남길 수 있게 됨을 생각하니 아버지의 모습이 떠올라 가슴이 아파옵니다.

평택 집에 가서 어머니를 뵈오니 삼촌 댁이 팔려고 하는 밭을 저보고 구입하라고 하십니다. 그 밭의 내력이 어떠한지 제 눈으로 보고 자랐습니다마는 구입할 마음이 없으니, 이는 아버지께 불효이겠지요. 어머니의 한을 못 풀어 드리는 것에 대하여 회한에 차 있는 저의 심정도 그저 답답합니다. 금전적으로 없어서가 아니요, 조그만 손실을 보면 어머니의 한을 풀을 수 있으련만 저의 조그만 이익에 도취되어 일을 그르친 것 같아 그저 부끄럽습니다.

이제 어머니께서 88세이시니 얼마나 더 살아 계실지 걱정하면서도 정신 차리지 못하고 있는 마음이 못내 무섭답니다. 아버지가 계셨다면 어떻게 하라고 말씀이 계셨을 것이라 생각하니 그저 한스러울 뿐입니다. 눈이 오다가도 햇빛이 나는 것처럼 언젠가는 어머니의 한을 풀 날이 올 것이라고 다짐하면서, 꿈속에서라도 아버니께서 말씀하여주시기를 바라면서 잠을 청하렵니다.

아버지, 부디 극락왕생하소서.

존경하는 누님

바람이 거세게 불어 봄을 시샘하는 아침입니다.

찬바람 그치고 붉은 해 뜨는 날 정녕 봄은 오고 말 것입니다. 봄이 와 산수유꽃 노랗게 피면 꽃 한 송이 개울에 띄워, 마음이 가난한 사람 잘 있음을 알려 드리렵니다. 병마와 싸우시는 어머니를 찾아뵙지 못함은 봄이 오지 않았음이 아니라 차마 어머니를 뵐 면목이 없어서 입니다.

자식으로서 한만 간직한 채로 자꾸 어머니를 멀리하여야 되는 마음을 갖는 것은 살인하는 것과 다름이 없다는 것을 알면서도, 삶의 언저리에서 서성이고 있는 제 모습이 그저 한스럽습니다. 또 저를 대신하여 지극 정성으로 어머니를 봉양하고 계신 누님 모습 떠오르면 얼굴이 화끈거려 봄이 오는 소리가 더욱 두렵습니다.

봄이 찾아와 하얀 목련이 화사하게 피기 전에, 어머니를 모셔와 나란히 앉아서 목련꽃의 아름다움을 이야기하며 정을 나눌 수 있기를 부처님께 빌어봅니다. 누님 내외분께 너무나 큰 죄를 지은 죄인을 용서하여 주시리라 믿으며 가내의 평안과 행운이 깃들기를 머리 숙여 빌며 이만 줄이렵니다.

– 2001년 3월 황사가 날리는 아침

빛 바랜 사진 한 장의 기억

내 곁에는 항상 빛 바랜 사진이 한 장 놓여 있다.

'1978년 2월 13일'이라고 쓰여 있는 이 한 장의 사진을 가까이 하는 이유는 사랑하는 아내와 둘째 아이에 대한 죄책감 때문일 것이다. 지금부터 22년 전인 2월 13일, 그 날은 이른 봄임에도 두꺼운 겨울옷을 그대로 입어야 하는 추운 날이었으며, 둘째 아이는 유치원 졸업에 혼자 가고 아내는 자궁암 수술을 받으러 나서는 기막히고 절망적인 날이었다.

유치원 졸업식에 가는 아이를 이웃집 아주머니에게 맡기고 돌아오는 아내의 모습을 차마 눈물이 앞을 가려 쳐다 볼 수 없었으나, 아내는 아무 걱정이 없는 것처럼 나와 장모님을 안심시키면서 병원으로 향했다. 아내를 이화여자대학교 의대부속 병원에 입원시켜 놓고 장모님과 마주 보며 하루 종일 위로의 말조차 하지 못한 채 멍하니 서 있었던 생각을 하면 지금도 그저 죄스럽기만 하다.

아침 여섯 시에 출근하여 자식이 어떻게 자라는지 아내

가 어디가 아픈지 조금도 마음 두지 않고, 오직 회사 일에만 얽매어야만 했던 것이 얼마나 서러웠던지, 울다 지쳐 눈물조차 말라버린 내 모양이 마치 도둑처럼 뻔뻔스러웠다. 이런 나를 장모님께서는 얼마나 원망하셨을까?

아침 일곱 시에 수술실에 들어가 오후 열두 시가 지나도 나오지 않는 아내를 기다리면서 혹시 수술이 잘못된 것은 아닐까 하는 걱정에, 수술실 문이 열릴 때마다 가슴이 털썩 내려 앉았다. 아내를 기다리는 그 다섯 시간 동안 큰아이 얼굴이 떠오르다가 없어지면 작은아이 얼굴이 떠올랐다. 이내 다섯 살배기 영선이의 얼굴까지 이어지면 가슴이 꽉 막히고 무서운 생각이 들어 흐르는 진땀으로 온몸을 목욕할 지경이었다.

오직 아내를 살려 달라고 마음 속으로 조상님과 부처님께 기도 드리면서 수술실 앞에서 흡사 미라처럼 무작정 서 있노라니, 십 년 동안 아내와 살면서 좋았던 일과 나빴던 일이 주마등처럼 눈앞을 휙 지나갔다. 평소에 별로 말씀이 없으신 장모님께서 "이제는 일이 그른 것 아니냐."고 말씀하시는 순간, "차정숙 보호자님." 하고 부르는 소리에 놀라 쳐다보니 간호사가 아내를 침대에 뉘어 나오고 있었고, 얼떨결에 내 입에서 튀어나온 첫 마디는 "나를 알아보겠는가?"란 말이었다. 이렇게 하여 이화여대 의과대학 강신명 박사에게 은혜를 입어 지금까지 건강하게 아내가 잘 살고 있으니 그저 고마울 뿐, 한 번도 찾아뵙지 못했으니 사람노릇을 못하기는 예나 지금이나 마찬가지인 것 같다.

엎친데 덮친다고 큰동서가 별안간에 심장마비로 생을 다했다는 소식을 듣고 아내를 병원에 둔 채 김제에 가서 장례를 치르고 며칠 만에 집에 들어가니, 아이들 셋이서 기가 죽어 앉아 있는 모양에, 나도 모르게 와락 끌어안고 말았다. 지금도 그 때의 일들을 생각하니 가족의 건강이라는 것이 얼마나 소중한지 새삼 실감한다. 요즘도 둘째 아이만 보면 졸업식에 참석치 못한 것이 못내 아쉽기는 해도, 아이들이 복이 많아서 어미가 죽지 않고 지금까지 살고 있다는 생각도 해본다. 또 집에 일이 있을 때마다 항상 힘들게 도와주시던 장모님께서는 이제 이 세상에 계시지 않지만, 아이들은 잘 커서 사회의 역군이 되고 있으니 이것도 장모님의 덕분이라 생각해본다.

지금도 이 한 장의 사진을 볼 때마다 아내에 대한 미안함과 둘째 아이에 대한 미안함이 앞서고, 내가 지옥에 가는 날 마지막으로 본 아이들의 모습인 듯한 기분이 들곤 하니 불행한 일은 쉽사리 잊지 못하는 것이 보통사람인가 보다. 앞으로도 온 식구가 건강히 잘 살기를 기도해본다.

아 내

요즘 벗들 모임이나 또는 사회의 모임에 나가면 '아내'라는 존재가 공공연하게 화제에 오르곤 한다.

첫째로는 늙어서 이 생을 다할 때는 반드시 아내보다 먼저 가야 자식들한테 폐를 덜 끼치는 것이라는 의견이 지배적이다. 이때까지 아내를 속물로만 여기며 잘해 주지도 못한 우리 세대들이 죽는 순간까지 아내에게 짐이 된다면 이는 너무나 염치 없는 일이다. 마지막 떠나는 아내를 내가 잘 보내 주는 것이 정당한 일인 게다. 그러나 상처한 선배들을 볼 때면 자식이 있어도 초라하고 안타까운 연민이 느껴져 아내보다 앞서 죽는 것이 복이라는 생각이 드니, 끝까지 나의 실속만 차리는 것 같아 마음이 착잡하다. 게다가 이웃 일본에서 60대 이후의 황혼이혼이 가장 큰 문제가 되고 있다는 기사를 읽은 지 수년밖에 되지 않았는데, 우리나라도 지금 유행이 되고 있는 것 같으니 정말 '아내'가 무서워지는 세상이다.

두 번째로 유산을 누구에게 줄 것인가에 관한 이야기인

데, 우리 아버지 세대들이 꿈에도 생각하지 못했던 말이 쏟아진다. 무조건 아내에게 주겠다는 쪽이 반이고, 아내가 여생을 보낼 수 있을 정도로 물려주겠다는 쪽이 반이다. 모두 늙어지니 아내를 생각하는 마음을 가지게 되는 모양이다. 젊어서 좀더 잘해 주지 못한 것을 보상해 주려는 마음 때문일까, 아니면 일본처럼 이혼당할까봐 그런 것인가를 생각해보았다. 그 이유를 정확하게 말할 수 없지만 자식들에게 신세져서는 안 된다는 생각이 많이 작용한 것이 아닐까 한다.

이런 이야기를 듣고 보니 이제 나이 예순이 되어서야 친구들이 나보다 더 멋이 있음을 깨닫게 되고, 또 그동안 얼마나 아내를 괴롭혀왔는가를 반성하게 된다. 이렇게 늙어서라도 겨우 아내의 고마움을 느끼다니 조금은 대견한 마음이 들지만, 정작 아내에게는 고맙다는 말을 하지 못하니 내 용기 없음을 탓하지 않을 수 없다.

눈은 어두워지고 허리는 꼬부라졌으며, 기억력도 감퇴되고 자식들은 모두 커서 출가해, 일 년에 몇 번 같이 식사라도 하려면 사정을 해야 되는 나이가 되고보니, 이제부터라도 아내 손을 꼭 잡고 가을이면 설악산 단풍놀이라도 다녀오고, 다음 해 봄에는 벚꽃이 만발한 진해에 가서 그동안의 잘못에 대해 용서를 빌고 싶다. 이것도 욕심인 것 같아 얼굴에 닭살이 돋지만 아내가 용서를 해 준다면 정말로 행복한 노년을 보낼 수 있지 않을까 생각해본다.

– 2000년 10월 3일

영선을 생각하며

회사 일로 베이징 출장을 앞두고, 우리 집안의 미래를 보장할 딸 영선의 성화로 함께 면세점으로 향했다. 협조하지 않으면 어머니(영선의 할머님)를 구박하고 밥도 주지 않겠다며 협박하는 모양이 우습다. 아비가 운전하는 것이 못미더워 항상 뒷좌석에 탔는데 오늘따라 앞좌석에 앉아서 재잘거리는 목소리가 산 속에 흐르는 개울물처럼 맑다. 평소 어머니와 아내, 그리고 딸 영선까지 세 여자의 틈바구니에서 이중간첩 또는 삼중간첩 노릇을 해야 했는데 오늘은 딸과 공개적으로 데이트를 하니 더욱 기분이 좋다.

면세점에서 화장품을 구경하며 시가의 절반이고 바겐세일이라 더욱 헐값이라며 이 매장 저 매장으로 옮겨 다니는 모습이 마냥 즐거워 보인다. "많이 구입하면 입국할 때 가지고 오지 않겠다."고 협박해보았으나 "아버지 카드로 계산한 것이니 안 가져오면 아버지 손해다. 괜찮으면 그렇게 하라."며 웃는다. 되로 주고 말로 받으니 언변으로는 딸을 이길 수 없는 것 같다. 어쩔 수 없이 뒤따라 다니면서 카드에 사인만 했으나, 마음만은 백만장자가 부럽지 않은 날이다. 아비를 골탕 먹이려고 화장품을 이것저것 잔뜩 가져와 놓고도, 종래에는 겨우 몇 개 구입하는 모습이 마냥 정겹다.

월급쟁이 아비를 둔 탓으로 근검이 몸에 배어 한 물 지난 것을 싸게 사는 버릇이 있는지라 화장품 역시 알뜰하게 구입할 기회를 놓치지 않는 영선. 그 모습이 어느 새 할머니를 닮아가는 것 같으니 피는 못 속이는가 보다. 어려서 바쁘다는 핑계로 한 번 안아 주지도, 같이 놀아 주지도 못했는데 이제 커서 모든 일을 잘하고 있으니 더욱 자랑스러울 뿐이다.

파란 가을 하늘처럼 항상 빛나고 백합과 같은 향기와 기품을 간직하기를 바라며, 또한 참는 것과 검박함, 정직함, 그리고 항상 웃을 수 있는 여유가 있는 삶의 길이기를 바란다. 파란 하늘과 빨간 연시, 단풍이 내다보이는 베이징 호텔 방에서 딸의 아름다운 모습을 떠올리며 잠을 청한다. 꿈속에서 영선을 만날 수 있기를….

– 2003년 10월 15일

기분 좋은 산행

차곡차곡 쌓인 낙엽을 밟고 아내와 같이 산길을 걸어가다가 "매일 다니던 길도 며칠만에 오니 새삼 새롭다."는 아내의 말에 부쩍 겨울이 다가옴을 느꼈습니다. 마치 바람에 쌓인 낙엽이 삶의 편린 같습니다. 행복하고 기뻤던 일보다도 괴롭고 가슴 아팠던 일들이 유난히 떠올려짐은 무엇 때문일까요? 그래도 숲 속을 비추는 아침햇살이 아내의 손처럼 따뜻하니 기쁜 아침임은 분명한 것 같습니다.

샘터에서 매일 물을 긷는 할머니 할아버지들도 점점 그 수가 줄어가고, 산길에 자주 만나던 분들도 보이지 않는 이가 생기니, 삶에는 반드시 죽음과 이별이 찾아오는 자연의 이치 때문이겠지요. 그러나 그 이별의 순간이 언제 올지 알 수 없으니, 어떻게 살아야 후회가 남지 않겠습니까.

법정 스님께서 "순간을 놓치지 말라. '나는 이렇게 살고 있다'는 것을 순간순간 자각하자. 한 눈 팔지 말고, 딴 생각 말고, 남의 말에 속지 말고 스스로 살자."고 말씀하셨는데 읽고 또 읽어도 이 순간이 무엇인지, 어떻게 해야 스스로 깨달을 수 있는지, 생각하면 생각할수록 가슴이 답답해 옵니다.

아내와 40여 년을 같이 살면서도 고맙다는 말 한마디 하기가 쑥스럽고, 그 알량한 자존심 때문에 입 밖으로 소리를 내지 못했습니다. 마치 말 못하는 장애우처럼 끙끙거리며 살아온 부끄러운 삶이었습니다. 운 좋게 바람 타고 계곡 물 위에 떨어져 즐거운 여행을 하는 낙엽처럼, 저 역시 좋은 아내 만나서 팔자 좋게 살아왔음을 겨울의 문턱에서 새삼 깨달았으니 정말 기분 좋은 날임에 틀림없는 것 같습니다. 아내와 함께 산길을 걸으며 삶의 길이 다할 때까지 고맙다는 말을 할 수 있도록 아끼며 살겠다고 다짐해봅니다. 하얀 눈이 내리는 날에도 낙엽 덮인 산길을 아내와 같이 걸을 것을 기원하면서 말입니다.

- 2004년 10월 30일

장남의 사죄

일요일 오후 방안에 앉아 끊임없이 내리는 창 밖의 비 오는 풍경을 바라보며 〈장남〉이라는 책을 소개하는 진명 스님의 말씀을 듣고는, 새삼 내가 장남이라는 것을 깨달으니 몸둘 바를 모르겠다.

학비 대느라고 제일 큰 재산인 소까지 팔아가며 등록금을 마련해주신 부모님과, 나 때문에 배움의 길을 접어야 했던 누님 세 분. 장남은 꼭 공부시켜야 된다는 가족들의 희생과 정성으로 대학의 문을 넘은 내가, 과연 형제 자매와 우리 가정에 무엇을 했으며 어떻게 살아왔는지 다시 생각해보면 얼굴이 빨갛게 달아오르고 가슴이 두근거릴 뿐이다.

이제 누님들은 70을 넘어 삶의 끝자락으로 가고 있건만 누님들의 희생에 대한 나의 보답은 무엇이었는가? 그리고 교통사고로 유명을 달리하신 아버지께서 일궈놓은 우리 가문에 대한 책임은 다했는가? 오히려 지금 병마와 싸우시고 계신 어머니를 몸이 아프다는 핑계로 늙은 누님께 강제로 모시게 하고 있으니, 이렇게 모자란 나의 모습이 그저 불쌍

할 뿐이다.

누님 내외분들과 조카, 그리고 어머니를 모셔 놓고 장남으로서의 의무를 다했는지 나의 잘못에 대해 인민재판이라도 받으면 마음이 편해질 것 같다. 나를 위해 좋은 삶의 길을 포기한 동기간들에게 어떻게 해야 쥐꼬리 만큼의 은혜라도 갚을 수 있는가를 하루 종일 생각하고 또 생각하며 마음으로 사죄하고 또 사죄한다.

- 2004년 7월 4일

손자를 만나는 마음

오랜 장마가 끝났어도 여전히 날씨가 찌푸린 어느 날, 집에 있기가 무료해 북한산 등산길에 올랐다. 오늘의 목표는 대동문인데 올라가다 힘이 부쳐 중도에 내려오려니 마음이 상했다. 건강이 이렇게 망가져 버릴 줄은 생각조차 하지 못했는데 집에 돌아오니 쓰러질 지경이다. 샤워하고 누웠다가 아내가 심원사 불공 갔다 돌아왔기에 일어나니 피로가 좀 회복된 것 같았으나, 아내에게 그 이야기를 했다가 잔소리만 잔뜩 들어 더욱 맥이 빠진다.

그러다 손자 둘과 큰아이 내외가 오니, 기분이 좋아지고 힘이 솟는다. 역시 힘이 솟고 기분이 전환되는 데는 가족과 손자가 제일인가 보다. 문득 阮堂 김정희 선생이 71세에 쓰셨다는 글이 생각났다. 그때 阮堂의 생각이 나와 같았으리라 느끼면서 적어본다.

大烹豆腐瓜薑菜

최고 가는 반찬은 두부, 오이, 생강, 나물이고,

高會夫妻兒女孫

최고 가는 훌륭한 모임은 부부와 아들, 딸, 손자들과 만나는 것이다.

이 글의 의미가 오늘 내가 우리 집에서 느낀 깨달음과 다름없음을 느끼니, 새삼 阮堂과 나 같은 필부의 삶이 다르지 않다는 생각이 든다. 가족의 덕으로 평온한 마음이 되어 몸에 병이 있음을 잊고 지냈으니 阮堂 선생의 글이 정말 옳은 것이라 여기며 하루를 즐겼다.

- 2004년 7월 18일

빈자리

북한산 단풍이 한껏 멋을 부려 한 폭의 수채화를 보는 것 같은 아침, 아내가 벗들과 부산으로 여행을 간다고 하여 35년 동안 살면서 처음으로 아내를 배웅했다. 버스 정류장에서 돌아오면서 그동안 찌들었던 삶의 때를 씻고 잠시나마 해방감을 느끼며 잘 놀다 돌아오기를 진심으로 부처님께 기도드렸다.

그리고 아침에 절대로 운전하지 말라는 아내의 말을 어기고 7개월 만에 차를 몰고 출근을 했다. 점심을 먹고 나니 하늘에 먹구름이 일어, 아내의 유쾌한 여행길을 위해 제발 비가 오지 않기를 빌었으나 퇴근 무렵에는 더욱 줄기차게 가을비가 내리기 시작했다. 비를 원망하며 집에 도착해보니 아이들도 퇴근하지 않아 집은 텅 비어 있다.

집안에 들어오니 아내의 모습이 어른거린다. 뜰에는 안주인이 없는 틈을 타서 낙엽이 수북히 쌓였고 고양이란 놈이 마치 주인처럼 행세하고 있으니, 아내의 자리가 이렇게 큰 것이었는지 새삼 깨닫는다. 아침에 먹다 남은 밥을 퍼서 낙

지볶음에 비벼서 저녁을 먹자니 "내가 없어도 잘 살 수 있지?" 하는 아내의 말이 떠오른다. 창 밖에 비는 구슬프게 내리고 감나무 잎새가 비를 맞아 떨어지는 소리가 아내의 발자국 소리로 들림은, 아내를 기다리는 마음 때문일 것이다.

집에서 늘 고생만 하는데 여행을 가서도 비 때문에 고생할 것을 생각하며 날씨를 원망하고 있는데, 전화벨 소리가 들린다. 아내가 김치를 냉장고에 넣었는지, 혹 운전을 하지는 않았는지, 저녁은 잘 먹었는지 등이 걱정되어 연락을 한 것이다. 여행 갔으면 즐겁게 놀 일이지 집 걱정만 하는 것은 내가 모든 일에 미숙하고 못 미더운 탓일 게다.

나와 결혼하여 단둘이 제대로 된 외식 한 번 못하고 아이들 기르랴, 매달 있는 조상 모시는 일하랴, 집안 대소사 챙기랴, 자기 몸을 돌볼 생각조차 못하는 긴장된 생활을 하면서도 한 번도 얼굴을 찡그리고 화를 내지 않은 아내의 모습이 떠올라 오늘따라 미안한 마음이 든다.

어둠이 내린 공원 보안등 아래 속삭이는 젊은 연인의 모습을 보며, 아내가 돌아오면 저 젊은 연인들처럼 살갑게 대하고 그동안 못했던 것을 반성하며 진실로 아내를 위한 삶의 길을 가보자고 결심한다. "사람 하나 들어오는 것은 몰라도, 한 사람 나간 자리는 크다"는 옛말이 뜻을 크게 깨우친 하루였다. 밤새워 비가 오는 소리를 들으며 환하게 웃고 돌아올 아내의 모습을 그려본다.

- 2004년 11월 1일

사랑의 기도

요즘 며칠 계속하여 아내가 아침 새벽기도를 위하여 절을 찾아 나서는 모습을 보면 안쓰럽다. 집안의 모든 짐을 혼자 짊어지고 가는 것 같은 모습이 항상 나로 하여금 아내에 대하여 무언가를 생각케 한다. 33년 전에 멀리 떨어진 시골에서 낯설고 물설고 관습과 풍습이 전혀 다른 우리 집에 와서, 이제까지 가문을 잘 이끌어 오느라 너무나 많은 고생을 했는데 지금까지도 가족의 편안을 위하여 기도하러 다니는 모습을 보면 한편으로 고맙고 한편으로 미안하다.

지금 이렇게 살고 있는 모습이 모두 아내의 덕이라고 생각하면서 우스갯소리로 "나를 고려장하지 말라."고 이야기하는 내 모습을 아내는 어떻게 생각하고 있을까? 아내가 기도하러 가고 몇 시간 집을 비운 사이 밥을 차려 아이들과 먹으며 아내의 존재를 다시 한 번 느끼게 되었다.

아내가 없으면 양말 하나 제대로 찾을 수 없는 나는, 개 두 마리에게 밥을 주려 해도 한 시간이나 더듬거려야 겨우 해내는 능력밖에 없으니 아무리 생각해도 너무나 아내에게 기대고 살고 있는 것 같다. 늘 말로만 가장이지 집안에 못 하나 박을 주변머리가 없으면서도 고려장하지 말라고 말하는 것이 염치없지만, 그런 말도 아내는 나의 애교라고 생각하는 것 같아 그저 고맙다.

요즘같이 모든 것이 무너져 버리는 험악한 세상에서 아내의 따뜻한 마음이 우리 집안에 평화와 행복을 가져다주고 있음을 가슴 깊이 느낀다. 오늘도 절에 기도하러 가는 아내의 뒷모습을 보면서 고려장을 당하지 않을 행동을 하겠다고 다짐해 보지만 어떻게 하는 것이 그렇게 하는 것인지 생각하면 난감한 아침이다.

병상에 누워

두 사람의 환자와 한 사람의 성한 사람이 마주하고 있다.
삶의 끝자락으로 계속 걸어가는 어머니와 삶의 낭떠러지에서 한 손으로 외로이 버티는 참담한 모습의 나.
그래도 아내는 웃음을 머금고 나를 본다.
진실로 미안하다. 오늘따라 아내를 보니 눈물이 난다.
무슨 인연으로 삶의 길에서 이렇게 아내의 속을 태워가며 살아가는지 그저 한스럽다.
힘들어도 낭떠러지로 떨어지지 않으려고 오늘도 안간힘을 쓴다.
아내의 얼굴에 그늘이 지면 한없이 무섭고 겁이 난다.
마치 이제야 철이 든 것처럼….

–아내여, 항상 웃어주오.

갈곳댁 아주머니를 추모함

어젯밤 꿈속에 박꽃이 하얗게 피었습니다.

전화벨 소리에 잠을 깨고 전화를 받으니 아내가 아주머니께서 영면하셨다는 소식을 전해왔습니다. 아주머니와 제가 전생에 무슨 인연이었는지는 알 길이 없지만 금생에서 영원히 잊어서는 아니 되는 은혜를 입었나이다.

아주머니께서는 항상 단아하시고 자상하셨으며 제가 찾아뵈면 건강을 걱정해 주셨고 열심히 살라고 격려해 주셨으며 관절염으로 고생을 하시면서도 뜰 아래까지 내려오셔서 저를 배웅하셨습니다.

아주머니의 모습이 제 심장 한구석을 항상 차지하였는데 이제 유명을 달리하셨으니 이 텅 빈 가슴과 허전함은 이제 무엇으로 채워야 합니까? 피난 길 공주 마구간에 도착했을 때, 얼어붙은 손이 아파서 엉엉 울던 제 손을 잡아주시면서 안쓰러워하시던 모습이 눈에 선합니다.

잘못을 꾸짖고 격려하여 주시던 어른들께서 한 분 한 분 떠나가시고 아주머니마저 돌아오지 못할 곳으로 가시니 목놓아 통곡합니다.

아주머님의 보살핌으로 성공하여, 우리를 피난길로 몰았던 중공군의 나라 중국에 와서 대우유한제지공업 주식회사 사장이 되었습니다. 헤어지고 만나는 것은 신의 섭리라 하지만 아주머니께서 영면하심은 저에게 너무나 큰 충격과 아픔을 주었나이다.

이제 부처님께 비옵나니 극락왕생 하시기를, 부처님 곁에 항상 계시어 영원히 온갖 고뇌에서 벗어나시기를 엎드려 두 손 모아 비옵니다.

- 1998년 8월 4일 조카 호신 올림

忘月의 마지막 밤에

어둠이 내린 창 밖의 소나무 가지가 마치 괴물처럼 보이는 섣달 그믐밤, 어릴 적 내 모습을 그려본다. 그믐날 새 옷과 새 신을 신고 할아버지, 아버지, 삼촌, 그리고 사촌 형제들과 사당에 들어 해가 바뀜을 고하고 묵은 세배를 올리며, 눈썹이 셀까봐 졸림을 참고 닭이 울 때까지 재잘거리던 일과, 명절 준비를 하시느라 며칠 밤을 새다시피 하시던 어머니의 모습을 생각하니 가슴이 저려온다.

당시 할아버지께서 우리에게 살아가는 방법을 말씀해 주셨듯이 나도 아이들에게 올바른 삶의 길을 말해 주고 싶지만 딱히 할 말이 떠오르지 않는다. 자식들이나 손자가 나보다 더 유명해지고 부를 가지기를 바라는 마음 자체가 탐욕임을 생각지 못하고 이 글을 쓰고 있는 내 모습이 초라하지만, 거짓과 악에 쉽게 유혹되고 참과 선과 바른 것에 둔감한 것이 인간이기에 나는 바르게 살지 못했을망정 너희만은 바르게 가라고 이야기하고 싶다.

누가 지었는지, 사실인지 허위인지 논쟁이 끝나지 않았

지만 〈桓檀古記〉라는 책을 읽다보면 우리가 살아가는 데 꼭 필요한 이야기가 주옥처럼 쓰여 있으니, 이 책을 꼭 읽어보라고 권하고 싶다. 특히 "부모는 무엇이며 부모를 잘 섬기면 하늘이 무너져도 살아날 수 있다."는 부분은 정말로 훌륭한 말씀이다. 또한 〈檀君世記〉 한국보기에 보면 '한국의 五訓'이라고 하여 반드시 지켜야 된다는 글이 있어 적어본다.

誠信不僞　성실하고 신의 있어 속이지 않으며,
敬勤不怠　공경하고 행함에 게으르지 않고,
孝順不違　순종하고 효도함에 위배됨이 없고,
廉義不淫　염치 있고 의리 있어 음란치 않고,
謙和不鬪　겸손하고 화목하여 다투지 않는다.

위의 다섯 가지는 우리 인간이 살아가는 한 지켜야 될 덕목이니 항상 옆에 두고 읽을 것을 권한다. 사람이 사는 것도 중요하지만 어떻게 사는가가 더 중요하다는 것을 잊지 말도록 해라.

살아가는 길에 요행이란 것은 없으며 게으르고 남의 말

하기 좋아하고, 일하지 않고 먹으려는 마음은 남의 것을 도둑질하여 사는 것보다 더 나쁘다. 항상 부지런하고, 무슨 일을 하더라도 성심성의를 다하고, 靈을 다하는 모습으로 살아갈 때 조상과 하늘과 땅, 그리고 神의 도움이 오는 것임을 기억하고 살기를 바란다.

언제인지는 모르지만 자식들과 손자 玹宇와 勝宇가 이 글을 읽고 삶의 용기를 얻어, 어려움을 극복해 주기를 마음 깊이 바라며 忘月의 마지막 밤을 지샌다. 이것도 부처님께서는 욕심이라 말씀하시겠지만 우리 집안의 융성을 바라며 이 글을 남기는 것이다.

- 2001년 牛耳洞 우리 집에서

玹宇 어미에게

눈 녹은 자리에 솔 향기 그윽하고 개울 물소리 청아하니 정녕 봄이 오는가 보다. 봄은 희망의 계절이며 만물이 잠에서 깨어나 새로운 삶을 위하여 기지개를 켜는 계절이다. 네가 우리 집 식구가 된 지 4년이 지났으니 세월이 참 빠르다는 것을 실감한다. 봄이 오는 길목에서 네가 음악학원을 하기로 했다는 말을 듣고 너희들이 미리 정한 일이라 그냥 허락은 했으나, 한편으로는 대견하고 또 한편으로는 걱정이 되어 이 글을 쓴다.

먼저 네가 배운 것을 가르치려는 선생으로서의 도리보다 돈을 벌겠다는 마음이 앞서지 않을까 하는 노파심이 생김을 이해해다오. 남을 가르친다는 것은 "자기 스스로를 다스린 다음에야 하는 것"이라고 옛 선인들이 말씀하셨듯이, 조그마한 학원을 운영하는 것도 남을 가르치는 것이라는 점을 명심하여 다음 몇 가지를 꼭 지켜서 행하여 주기를 부탁한다.

첫째, 다른 학원은 어떻게 운영하는지는 알 수 없으나 다른 음악학원과 무언가 다르다는 생각을 갖도록 노력해라.

둘째, 경제적으로 네 이익을 조금 포기하더라도 어린아이들에게도 인격이 있음을 잊지 말고, 한 인간으로 존경하고 사랑하는 마음을 가지며 모두가 玹宇라는 생각으로 열과 성을 다해라.

셋째, 돈이 사람을 따르는 것이지 돈을 좇는다고 모두 재벌이 되는 것이 아님을, 돈이 사람보다 앞서는 것이 아니고 뒤에 있어야 된다는 것을 명심해라.

넷째, 욕심이 지나치면 화가 되는 것이며 실패의 원인은 항상 자기 능력을 과신하는 데서 오는 것이니 하루하루 스스로가 어떻게 지냈는지를 반성하여 잘못된 점이 있으면 꼭 고치고 글로 적어, 잘못이 반복되지 아니하도록 하는 것이 성공의 길임을 잊지 말아라.

다섯째, 벗과 같이 동업한다는 것이 얼마나 어려운 일인가를 시간이 조금 지나면 스스로 알게 될 것이지만, 내 경험으로는 동업을 하여 정말로 잘되는 것을 보지 못했다. 이제 내 나이 耳順이 되어 생각해 보면 서로 상호이익이 되는 측면에서 양보하고 나보다 상대편을 생각하는 마음가짐이 없으면 벗과의 우정이 깨지고 원수가 되는 것이니, 처음에 시작할 때의 마음을 잊지 말아야 한다.

여섯째, 어떤 것이 바른 것이고 어떤 것이 바르지 않는 것인지를 항상 생각하고 바르게 살아가도록 노력해라. 아무리 부정과 부패가 만연된 세상에 살고 있다 하더라도 바른 삶을 행하면, 당장 손해가 있더라도 이것이 인과응보가 되어 玹宇라도 그 덕을 보아 복을 받게 된다는 것을 잊지 말아라.

일곱째, 네가 하는 일이 번창하여 몹시 바쁘더라도 너와 가족의 건강이 네 삶이나 우리 가문의 장래를 위하여 정말로 중요하다는 것을 잊지 말고 건전한 가정이 되도록 노력해라. 또 항상 겸손하게 행동하는 우리 가문의 250년의 전통을 이어 존경받는 사람이 되도록 노력해라.

여덟째, 부정직한 일을 해야겠다는 생각이 들 때는 우리 가문 선조들이 부끄럼 없이 정직하게 살아왔으며, 평택이라는 조그마한 사회에서 존경받고 살았다는 것을 잊지 말고 조상에게 죄를 지어서는 아니 된다는 마음가짐으로 부정과 야합하지 말기를 부탁한다.

아홉째, 사람이 살아간다는 것은 곧 참는 것임을 잊지 말고, 어떤 어려움이 있어도 불평불만하지 말며 참으면서 긍정적으로 생각해라. 또 말을 함부로 하지 말고 한 번 말을 하려면 세 번을 생각해 보고 꼭 해야 될 말만 하여 실속 있는 삶을 살아가기를 기도하련다.

마지막으로, 네가 가르치는 아이들의 부모들과 불필요한 금전거래를 해서는 절대 아니 된다는 것을 명심해라. 왜냐하면 금전거래를 하다보면 가르치는 선생이 인격적으로 우습게 보여 종래에는 스스로를 망치게 되며, 또한 이윤을 주고받다 보면 의리를 해쳐 가르치는 사람으로서 못할 짓을 하는 것이니, 이런 일이 일어나는 일이 없도록 스스로 절제하기를 부탁한다.

늙은이의 잔소리로 듣지 말고 위에 말한 몇 가지를 잘 지켜서 정말로 존경받는 스승이 되기를 부탁하며 학원의 융성을 빈다.

– 봄의 어느 날에

둘째에게 쓰는 당부의 글

〈In The Heart of the sea〉를 읽고 둘째 아이에게 읽어볼 것을 권유하고 다음과 같이 메모를 남긴다.

삶에 대하여 좀더 진솔하게 생각해 보아라. 요즘 살아가는 모습이 바른 것인지, 혹시 현실에 안주하고 있는 것은 아닌지. 네가 이루려는 목표가 없는 사람으로 보이는 것은 이 아비만의 생각일까? 모든 일을 함에 있어 의지와 결단력이 부족한 것이 무슨 이유인지 스스로 생각해보아라.

너는 재벌의 자식이 아니고 농부의 자식이며 열심히 살아온 보통사람의 자식이란 것을 잊지 말아라. 남보다 고귀한 삶을 살아가고 깨끗한 부를 쌓는 일에 대하여 좀더 고민해보아라. 그리고 모든 일은 얼마나 참고 노력하느냐가 중요한 것이지 하루아침에 모든 일이 이루어지지 않는다는 것을 명심하여라.

–너의 보잘것 없는 아비가

玹宇, 勝宇에게

겨울 하늘이 유난히도 높고 푸르구나. 이제 玹宇는 여섯 살이고 勝宇는 첫 돌이 지났는데 오늘 따라 할아버지는 너희들이 성년이 된 모습이 눈에 아른거려 이 글을 쓴단다. 이 글이 너희들이 성장하면 읽고 이해하여, 바르게 사는 모습이 무엇인가에 대한 답이 되었으면 좋겠다.

우리나라 사람 가운데 미국에 이민 가서 성공한 사람이 많이 있지만 미국이란 나라에서 성공의 첫째 조건이 WASP(White 백인, anglo-Saxon 앵글로 색슨족, Protestant 청교도)이어야 한다는 것이다. 그래야만 상류사회에 오를 수 있음에도 최근 우리나라 사람 중에 모든 난관을 극복하고 미중앙정부 차관보급에 오른 권미애 씨는 신문과의 인터뷰에서 성공하려면 3P를 지키라고 말하고 있다. 3P란 매사에 긍정적으로 생각하고 행동하며(positive), 활동적이고(proactive), 참는 것(persevere)을 의미한다.

나 역시 이 세 가지가 바르고 성공적인 삶을 위하여 반드시 필요한 행동 규범이라고 동의했기에 소개하는 것이다.

우리나라에는 미국과는 달라서 신분상승의 제약이 별로 없고 스스로 열심히 살며, 다른 사람에게 폐를 끼치지 않고 정직하면 미국보다는 성공하기가 수월하다. 너희들이 반드시 성공된 삶을 살아갈 것이라고 믿으면서도 늙은이의 괜한 걱정이기도 하겠으나, 이 글이 평소에 하고 싶었던 말이었기에 글로 남겨본다.

- 2003년 2월 12일 용산에서

성공은 저절로 이루어지는 것이 아니다

오늘 아침 산행 중에 만난, 할머니와 함께 온 어린 소녀의 모습을 보며 손자들 모습이 떠올라 몇 자 적어본다.

지금은 너희들이 아버지와 어머니, 삼촌과 고모, 할아버지와 할버니라는 울타리에 둘러싸여 있어 모르겠지만 사람은 항상 혼자 걸어가야 되며, 타인과 선의의 경쟁을 하며 살아가는 것이 운명이란다. 너희들이 다른 사람보다 존경받고 남에게 폐를 끼치지 않고 살아가려면 남보다 부지런해야 한다.

너희 또래 중 한 아이가 너희들이 자고 있는 시간에 아침 산행을 하고 있다면 그 아이는 너희들보다 이미 한 발 앞서 가고 있는 것이란다. 너희들이 이 글을 읽고 이해할 수 있을 때가 곧 돌아오리라 기대하며, '나는 다른 사람과 다르다'는 마음가짐과 한 발 먼저 가는 능동적인 자세를 가질 것을 당부한다. 그래야만 폐를 끼치지 않고 자기 스스로의 힘으로 살아갈 수 있으며, 또한 성공할 수 있다는 것을 잊지 말기를 바란다.

너희들 선조 가운데 양반임에도 밭에 나가 일하는 것이 부끄러워, 낮에는 열심히 공부하고 밭일은 달이 밝은 밤에 하는 晝耕夜讀이 아닌 夜耕晝讀으로 가문을 일군 분이 있다. 이것은 다른 사람과 사는 방법을 다르게 한 삶의 표본일 것이다. 항상 다른 사람이 하는 대로 따라 가는 삶은 언제나 패배자가 되는 것이니 주관을 가지고 긍정적으로 행동하거라. 너희들이 부지런하고 정의로우며 거짓을 행하지 않으며 살아가는 모습을 할아버지는 보고 싶구나.

항상 열심히 사는 모습을 보기를 바라면서 이만 적는다.

- 2004년 6월 23일

삶을 위한 당부

玹宇야, 勝宇야.

노란 은행잎이 떨어지는 공원 의자에 앉아 파란 하늘을 바라다보니 너희들 얼굴이 하나하나 떠오른다. 구김살 없이 재잘거리는 모습과 항상 웃는 그 얼굴을 생각하며, 앞으로 커가며 너희들이 어떻게 살아야 되는가에 대해 생각한 바를 적어 보련다.

첫째로 '자존심'을 가지는 사람이 되어라. 자존심이란 삶의 길에서 모든 어려움을 극복하고 행복과 삶의 기쁨을 누릴 만한 능력을 가진 사람이 갖는 마음가짐이다. 자존심을 가질 만한 마음가짐이 없다면 그 삶은 헛된 것이며, 항상 타인에게 신세만지는 무가치한 삶을 산 것에 불과하다.

둘째로는 '프라이드'를 가지고 자기의 삶을 지키는 사람이 되어라. 프라이드란 어떤 목표를 세우고 그 목표를 달성한 후 느끼는 즐거움과 행복감 즉, 자기의 삶에 있어서 성취욕에 대한 전통적인 보수이다.

셋째로 삶의 길에서 만나는 모든 인연들을 소중하게 생

각하고 너희들보다 약한 사람이나 걸인들을 보면 도와주려는 마음가짐을 갖도록 해라. 왜 도와주어야 하느냐에 대해서는 의문을 갖지 말거라. 그 의문에 대한 대답은 神만이 할 수 있다. 사람과 인연을 맺는다는 것은 힘닿는 데까지 베푸는 것이니 그에 의문을 가진다면 항상 삶의 길에 있어 욕심만 남게 되고 종래에는 자기 자신을 망치게 된다.

삶의 길에 자존심, 프라이드, 이타정신이 없다면 훌륭한 삶이 아니라는 것을 명심하여 가을의 푸른 하늘처럼 맑고 향기롭게 살아서, 사람들에게 손가락질 받지 않고 존경받는 사람이 되길 바란다. 이 할아버지는 너희들이 그렇게 훌륭한 사람이 되어 줄 것을 부처님께 항상 기도할 것이다.

玹宇야, 勝宇야! 진실로 서로 돕고 훌륭한 사람이 되거라. 그리고 지금처럼 항상 웃는 얼굴로 살아가기를 부탁한다.

– 2004년 11월 10일 아침. 손자들을 생각하며 쓴다.

고난을 극복하고 신화가 되다

철쭉꽃이 화사하게 핀 날 아침 신문을 읽다가 이 글을 써본다. 할아버지 세대의 농구 영웅인 미국의 마이클 조던이 28년 동안의 선수 생활을 마치고 은퇴하면서 남긴 말들이 너무나 아름다워, 너희들이 살아가면서 어려운 일이 있을 때 도움이 됐으면 하는 바람으로 적는 것이다.

미국 농구계의 영웅이며 20세기 농구의 최대 걸작품으로 불렸던 마이클 조던은 여섯 차례나 팀을 챔피언에 올려놓았으며, 여섯 차례의 파이널 MVP, 842회 경기 연속출전 등 수많은 신화적인 기록을 남기고, 두 차례 은퇴 후 다시 돌아와 지난날의 명성답게 최선을 다한 후 세 번째로 은퇴했다. 이 불멸의 스타는 자신의 성장과정에 좌절의 시기가 있음을 담담히 고백했단다. "고교시절 경기에 출전할 수 없게 되었을 때 나는 상처받았으며, 내 마음은 산산이 부서졌습니다. 그리고 소리치며 울기도 했지요."라고.

가난에 찌든 환경 속에서 골목어귀 주차장에서 아버지 제임스와 농구대에 섰던 그 마이클 조던. 그는 자신이 흑인으로서 견디기 힘든 환경을 극복하고 성공할 수 있었던 것은 끊임없는 노력과 인내, 성실한 생활과 연습 덕분이며, 또한 가난했으면서도 운동을 할 수 있게 도와준 아버지의 사랑 때문이라고 말하고 있다.

봄에 꽃이 피면 우리는 그 화려함과 아름다움만을 생각하지만, 그 꽃이 존재하는 것은 혹독한 자연과 싸워가며 겨울을 잘 견디었기 때문이란다. 학교나 사회, 그리고 가정에서 항상 '나는 지금 어떻게 행동하고 있으며 그 행동이 올바른 것인가, 모든 일을 정직하고 성실하게 하고 있는가. 모든 사람이 다 한다고 주견 없이 따라가고 있지는 않은가.' 하는 의문을 갖고 올바르게 살아가려고 노력해야 존경받는 사람, 성공한 사람이 되는 것임을 잊지 말아라. 마이클 조던이 은퇴하며 썼던 인사말을 덧붙이며 이만 줄인다.

벌써 2년이 되었군요.

우리는 부모님 소개로 집 주차장 뒤에서 처음 만났죠. 당신은 막다른 골목에 있던 나를 발견하여 끌어내 주었고, 우리는 함께 춤을 추었죠. 이제 코트에서 직접 뛰는 일은 끝났지만 우리의 관계는 영원히 끝나지 않을 것입니다.

-사랑하는 농구에게, 마이클 조던 씀-

- 2003년 4월 22일 아침, 불우한 환경에서 성공하고
자신의 직업에 투철한 사람의 인생을 보면서
사랑하는 손자들에게 쓴다.

아해들아

어떤 일이 있어도 항상 얼굴에 웃음을 지어라.

웃음은 마음을 편하게 하고, 웃음은 여유를 갖게 하며, 웃음은 타인의 마음도 편하게 한다. 고달픈 불행의 늪으로 떨어질 때도 웃음을 잃지 않으면 즐거운 일이 오고 행복해지느니라. 웃음은 화합과 화해의 근원이며 웃음으로 모든 원망은 사라지는 것이다. 항상 웃음이 즐겁고 바른 삶을 가져다 준다는 것을 잊지 말고, 웃고 또 웃는 것을 삶이 있는 날까지 행하거라.

– 2003년 8월 21일 손자들을 위해

도장을 장만하며

폭풍우 밤새워 불고 날이 밝으니 언제 그랬냐는 듯 푸르러진 하늘이, 자연에 대한 존경심을 자아내는 초가을 아침이다. 알밤을 줍다가 문득 玹宇와 勝宇, 너희 둘에게 인장을 하나씩 전하기로 한 자신과의 약속이 떠올라, 회사에서 업무볼 때 사용하던 상아 도장 중 가장 좋은 것 두 개를 골랐다. 그리고 거기에 원래 있던 내 이름을 지우고 우리나라 도장 기능공 1호인 분에게 한 개당 2만원씩 주고 너희의 이름을 새겼다.

상아로 된 도장을 주는 이유는 첫째, 몸에 지니고 있으면 건강에 좋고 복이 온다는 말이 전해오고 있으며 둘째, 사용하면 촉감이 좋고 마모가 잘 되지 않으며 셋째, 사용하면 사용할수록 인주가 몸에 배어 점점 아름답게 변하고 넷째, 할아버지의 체취가 배인 것을 주어 玹宇와 勝宇가 열심히 정직하게 살아가기를 바라는 마음을 전하기 위함이다.

玹宇야, 勝宇야.

도장은 할아버지 세대에는 꼭 필요한 삶의 도구였으나 너희들 세대에는 필요하지 않을 수도 있다. 그러나 할아비가 너희에게 마음으로 주었으면 하는 것이니 소중히 간직해라. 도장을 지니고 사용함에 있어 반드시 바른 일에 사용되는가를 꼭 한 번 생각해 보고 조금이라도 마음에 거리낌이 있으면 사용을 스스로 자제하거라. 그리고 도장은 타인의 보증을 서는 일에는 어떠한 경우에도 사용해서는 아니 된다. 피를 나눈 형제 사이에도 절대로 보증을 서지 말아야 되느니라. 보증을 서는 것은 자신의 삶을 타인의 삶과 구분하지 못하게 하며, 보증 선 이의 인생은 책임을 질줄 아는 삶이 아니기 때문이다.

玹宇야, 그리고 勝宇야. 할아비의 뜻을 잘 이해하며 도장을 항시 잘 보관하여 사용하는 데 소홀함이 없도록 해라. 너희들이 이 도장을 잘 사용하여 잘못을 깨우치고 나쁜 습관에 물들지 말며, 올바른 삶을 살아가기를 부탁하면서 도장과 함께 할아비의 마음을 전한다.

– 2003년 9월 19일 牛耳洞 愚居에서

후회 없는 삶을 위해

항상 느긋하고
항상 너그럽고
항상 고요함을 즐기고
항상 온화하고
항상 자상함으로
마음을 다스리면
행복의 길을
갈 수 있다는 것을
고희가 되어야 비로소 깨닫고
또 이미 그렇게 살지 못했음을
후회한다는 것을 마음 속에
간직하고 행하라

-2003년 어느 날,
차가 꽉 메어 오도가도 못하는 길 위에서
손자들에게 하고 싶은 이야기

'素履'의 연원

5대 조부님의 호가 素履이기 때문에 고향집을 素履堂이라 하고 조모님께서 평택에서 시집 오셨기 때문에 우리 집 宅호가 평택宅이 되었다. 素履가 무슨 뜻이 있는가에 대하여 의문을 가지던 차에, 최근에 朱喜의 〈近思錄〉을 보다가 素履에 대하여 쓴 글월이 있어 이것이 연원이 되어 호로 정하신 것임을 알았다. 후손들 역시 의문을 갖지 말기를 바라며 훌륭한 뜻이 담겨 있음을 이해하고, 선조의 호가 가지고 있는 의미를 마음에 새겨 경거망동하는 일이 없기를 바라며 몇 자 적는다.

素履는 사람이 밟는 道를 이름이며, 사람이 행할 본바탕 즉, "본래의 자기 분수를 넘지 않고 일을 행한다."는 깊은 뜻이 담겨 있는 훌륭한 글이다. 이 호의 뜻과 같이 5대 조부께서는 孺子로서 분수에 맞게 생을 사셨으며, 우리 가문을 현재까지 이르게 하는 지주가 되어 주셨다. 선조의 사상과 예는 〈素履堂 유고집〉에 전해 오니 항상 읽도록 하거라.

素履往无咎

자기 분수를 지켜 행하면 나아감에 잘못이 없다.

-〈近思錄〉出處編

素履의 후손들이 지켜야 될 일

모든 만물이나 사람이 살아가는 데 '질서' 라는 것이 꼭 있기 마련이다. 옛날의 질서는 새 질서에 자리를 물려주면서 진보하고 발전하는 것이 분명하지만, 그래도 '바르다' 는 것은 변하지 않음을 잊지 말라. 조상이 물려준 전통을 살리고 자기 세대의 생활 양식과 방법을 더하여 가문의 전통을 만들어야 영속성과 도덕성을 가지는 것이니, 전통을 고루하다고 생각하지 말고 항상 무엇이 그렇게 만들었으며 그것이 무엇 때문에 중요한 것인가를 생각하면서 삶의 길을 가기를 부탁한다.

-조상을 섬기는 일

지금의 내가 있는 것은 조상이 있기 때문이며 지금의 삶은 조상이 베푼 은혜라는 생각을 항상 가지고, 살아 계실 때와 똑같이 조상을 존경하고 경배해야 한다. 그러므로 제삿날을 잊지 말고 산소에도 반드시 사계절에 한 번은 성묘하여 조상에게 욕되는 일이 없었는가를 반성하면서 살아가라.

어떤 종교인이 되더라도 조상을 섬기는 일은 잘못된 일이 아니니 성심껏 모시도록 노력하라.

–긍정적이 자세로 열과 성을 다하라.
모든 일을 행함에 있어 '호랑이가 하찮은 토끼를 잡을 때도 모든 정성을 다하는 것' 처럼 영을 바쳐 성을 다하고 항상 정직한 삶을 살아가도록 최선을 다하라. 어려움에 처했거나 생활이 어렵다고 포기하거나 불평하지 말고 정직하게 노력하고, 어떤 어려움에 당면하더라도 극복할 수 있는 자신감과 긍정적인 태도로 모든 일에 임하면 훌륭한 삶이 될 것이며 부끄럽지 않은 생이 될 것이다.

–항상 말을 주의하라.
세 번 생각하고 한 번 말하라. 모든 악연과 다툼은 말 때문에 일어나는 것이니, 말을 할 때는 왜 이렇게 말할 수밖에 없는지 스스로 반성해봐라. 선조께서도 "경구언"이란 글을 남기셨고, 부처님께서도 "모든 악행은 말에 그 원인이 있다."고 말씀하셨으니 쉽게 말하지 말고 정확하고 공손히 하며, 듣는 사람이 잘 이해하여 오해가 없도록 힘쓰기를 바란다. 그리고 말을 잘못했다는 생각을 했을 때는 부끄럽게 생각하지 말고 사죄하라.

-바른 몸가짐을 가지라.

항상 바르고 겸손한 몸가짐을 가져라. 몸을 바르게 한다는 것은 마음을 바르게 하는 것이고, 심신을 편안하게 하여 건강을 유지하는 첫 걸음이다. 중국의 朱喜라는 사람이 쓴 〈近思錄〉에 보면 사람이 "한 번 겸손하면 하늘과 땅과 귀신과 사람들이 모두 이익을 준다."고 했다. 이 말은 옛날이나 현재나 똑같은 진리다. 출세했다고 거들먹거리지 말고 부를 일구었다고 가지지 못한 사람을 업신여기지 말며, 항상 머리를 숙일 줄 알고 다른 사람과 약자를 배려하도록 노력해야 복을 받을 것이다.

-재물의 옳고 그름을 생각하라.

살아가는 데 돈은 꼭 필요한 것이지만 때로는 돈 때문에 삶을 망칠 수도 있다. 돈을 벌어들이는 일이 떳떳치 못하면 그 돈이 복을 부르지 않고 죄를 부르는 것이다. 돈은 자기가 일해서 얻는 것이 깨끗한 것이고, 합리적인 방법이 아닌

남을 속이거나 투기를 하여 모은 부는 부정을 하는 데 쓰이게 된다. 뿐만 아니라 그 부 때문에 자식들까지 삶의 길을 버리는 것이니, 돈을 버는 것과 쓰는 것 모두 바르게 하도록 노력해야 한다. 특히 이자놀이를 하는 짓은 타인의 원망을 사게되고 그 원망이 지나치면 자기 생전에 죄를 받지 않아도 자식들 대대로 그 죄를 받을 것이다. 힘 안들이고 버는 돈은 그것이 아무리 많다 하여도 마음을 병들게 하는 것이니 재물을 얻을 때도 옳고 그름을 항상 생각하라.

-도박, 술, 여자는 삼가하도록 해라.
값싼 술이라도 절대로 공짜로 얻어 먹지 말고 꼭 대가를 지불하도록 노력해라. 술은 먹되 과음하지 말고 자기 스스로 제어할 수 있을 때만 술을 하고 그렇지 못하면 끊도록 하라. 술을 과하게 하면 건강을 해치고 또한 업신여김을 당해 스스로 자기를 망치는 원인이 되며, 가산 또한 탕진하게 된다는 것을 잊지 말라.

도박은 무슨 명목으로라도 하지 말라. 장난 또는 순간적이라도 하지 말라. 도박은 정의롭지 못한 것이며 일하지 않고 요행만 바라는 게으름으로, 인간관계를 파멸로 몰아넣는 원인이 되는 것이다. 도박을 해서 횡재를 할 생각이 있으면 차라리 그 밑천으로 생활하고 그것이 다하면 굶는 편이 낫다.

남자와 여자는 살아가는 데 서로 필요한 존재로, 살면서 서로 의지하고 존경하는 것이 아니라 처음부터 서로 존경하고 서로 사랑해야 한다. 또 결혼을 한 부인 외에 어떤 경우라도 삿된 행동을 하지 말아라. 이런 행위는 인륜을 버리는 것이고 가문을 욕되게 하는 것이니라. 우리 가문 대대로 작은 부인을 둔 조상이 없다는 것을 명심하고 항상 어떤 행동이 좋고 그른가를 생각하라.

–동기간, 친족, 벗들과 금전거래를 하지 말라.
금전거래를 하다 보면 종래에는 서로 다투게 되며 처음에 금전거래로 도움을 받았다 해도 일시적일 뿐, 결국 서운한 마음을 가지는 원인이 된다. 준 금전을 돌려 받지 못하면 인간으로서의 모든 인연이 악연으로 변하여 견원지간이 되는 것이니 항상 유의하라. 만약 경제적으로 부를 가지고 있을 때 동기간이나 친족, 벗이 가난하여 살기가 곤궁하다고 생각되면 삶의 터전을 마련해주거나 일할 수 있는 직업을 주어라. 노력하며 살아가도록 지원해주는 것이 서로의 정을 영원히 간직할 수 있는 길이다. 그리고 보증을 서 주는 것은 자기의 삶을 타인에게 맡기는 것과 같으니 절대로 하지말고, 또한 동기간에 보증을 서 달라고 이야기하는 우를 범하지 말라. 만약 보증을 서 주지 않아 경제적으로 파탄을 맞았다면 경제적으로 도움을 주는 방법을 연구하는 상부상조의 정신을 갖도록 하라.

-자식에게 재산을 상속해주지 말라.
자손에게 재산을 많이 주는 것은 자손을 무능력하고 나태하게 만들어, 종래에는 일하지 않고 먹고 노는 쓸모없는 사람이 되게 한다. 이는 결국 재산을 탕진하여 가문을 방치하는 결과의 원인이 될 것이다. 자식을 올바른 인간으로 키우는 데 투자하고 올바른 사람이 된 후에는 재산을 모으는 방법과 정의롭게 쓰는 방법을 가르쳐, 그들이 살다 간 다음 '바르게 살고 갔다' 는 말을 들을 수 있도록 노력하라. 만약 부를 많이 모은 후손이 있을 경우 배움의 터를 만들어 사회를 이끌 정의롭고 바른 인재를 키우는 산실로 만들도록 하라. 이것이 부를 가진 사람의 갈 길이라는 것을 명심하라.

-수하 사람을 잘 돌보고 항상 그들에게 존경받는 사람이 되어라.

수하 사람을 잘 거느리는 것은 자기 성공의 기본이 된다는 것을 명심하고 정신적으로나 재정적으로 항상 돕는 자세로 살아가라. 언젠가는 이런 삶으로 인하여 사지에서도 헤어날 수 있음을 명심하고 인간적으로 비하하지 말고 존경하라.

-평택 본가를 잘 보전하라.

시골집은 가문의 핏줄이 이어지는 한 현재의 우리를 있게 하고 미래의 자손들을 영광스럽게 할 수 있는 곳이니, 항상 성스럽게 생각하고 잘 보전하여 자손 만대에 전하라. 이렇게 하는 것만이 1812년에 가시덤불을 해치고 움막을 지으면서 후손들의 영원한 삶과 영광을 말씀하신 素履 선조의 뜻을 이어가는 길이니 후손들은 항상 어긋남이 없도록 하라.

Part 03.
그리움이 닿는 곳, 고향

고향 길

고향 길을 걸으면 모든 병이 낫습니다.

불안한 마음도 없답니다.

고마움과 사랑하는 마음으로 충만합니다.

고향 길은 어머니 마음입니다.

항상 너그럽고 편안합니다.

고향 가는 길은 언제나 기쁨과 희망을 줍니다.

나의 고향

나의 고향은 행정구역상으로는 경기도 평택군 진위면 은산리 300번지이고 봉화 정씨 집성 출신인데 어릴 때는 너나 할 것 없이 아저씨며 조카인, 200여 호 남짓 되는 가구들이 모여 살았다. 그곳은 용인군, 안성군, 평택군의 경계이고 오산 6km, 송탄 6km, 평택 6km, 안성에서 8km 즉, 행정의 사각지대였던 관계로 내 또래들은 용인군 남사 초등학교, 평택군 진위 초등학교, 안성군 원곡 초등학교로 각각 나뉘어 다녀야만 했다.

거리만도 약 4km 정도 되는 그 길을, 추운 겨울에는 북풍을 맞으며 이른 봄에는 얼음이 녹아 질펀한 황토 흙에 신이 빠진 채 맨발로 다녔고, 여름 장마가 오면 학교에도 가지 못하고 진위천 건너편에서 담임 선생님과 출석을 부르고는 그냥 집으로 향하기도 했다.

우리 집터는 1810년 5대 조부께서 움막을 짓고 세간을 나오신 후 근면, 정직하게 사시면서 50년 주기로 집을 새로 지었고 집 주위에는 200여 년 된 관목이 변함없는 울창

함을 자랑하고 있다. 아직도 스물네 칸짜리 한옥이 버티고는 있으나 내가 손을 보지 않아 퇴락할 대로 퇴락해 있어, 고향집에 가면 그저 앞으로 조상님들을 뵈면 어떻게 변명할까만 생각하다 돌아서곤 한다. 100여 년 된 모과나무가 '내 향기를 맡고나 가라' 고 붙들어도 모른척 돌아서기 일쑤니 애써 고향을 잊으려 하는 것이다. 그러나 이제 돌아가야겠다는 생각이 하루하루 점점 더 커져가니 애써 등졌던 고향에 대한 죄스러움과, 귀향할 수밖에 없는 것이 나의 운명인가 하는 마음을 떨칠 길 없다.

- 2005년 11월

가을

아침 출근길에 차창에 부딪히는 은행잎을 보니, 유난히 단풍잎의 색깔이 곱지 않고 그 지는 모양도 흉물스럽다. 무엇이 그렇게 나뭇잎의 아름다움을 빼앗아갔는가. 올해도 가을은 찾아왔고, 퇴색된 나뭇잎 속에서도 나는 어김없이 고향을 떠올린다.

내 고향 산골의 가을은 더없이 풍성했으며, 아침마다 마당에 하얗게 내린 서리를 밟는 것은 작은 행복이었다. 파란 하늘을 수놓던 수많은 별들의 숨바꼭질 놀이와 어깨를 들썩이게 했던 일꾼들이 부르는 풍년가는 지금도 귓가를 맴돌며 나를 고향으로 인도한다.

이렇듯 나는 길섶에 쌓인 단풍잎만 봐도 어릴 때 떠난 고향에 돌아가고 싶어 향수병을 앓는다. 그러나 '이제 삶을 정리하고 즐겨야 된다, 돌아가자.' 하면서도 겨울이 되면 치매에 걸린 사람처럼 고향을 잊게 되니, 어린 시절 감나무 위에 앉아 홍시를 따먹으며 재잘대던 형제들이 지금은 모두 초로의 늙은이가 된 것처럼, 내 인생에도 이미 가을은

가고 겨울이 오고 있음을 깨닫는다.

상녹대 아래 곱게 피었던 맨드라미꽃의 빨간 수술이 영원할 것이라고 생각되었던 젊은 시절의 꿈은, 그것을 심고 가꾸던 꽃 같던 누님의 얼굴에 내려앉은 주름이라는 삶의 계급장과 함께 사라졌으니, 정녕 나는 허망한 환상 속에서 살아온 것은 아닌지….

가을이 가기 전에 누님들을 찾아가 맨드라미 심던 그 시절을 이야기하며 쇠잔해 가는 모습을 보듬어주고 싶다. 북쪽 하늘에서 먹이를 찾아오는 후조들처럼 눈 내리기 전에 고향에 가련다.

– 2002년 11월 14일

희망의 뜻

봄비 속에서 낙엽 덮인 오솔길 걸으며 '고향'이란 두 글자를 생각해본다.

고향의 봄은 보릿고개 때문에 슬픈 날들의 연속이었고 배고파 누렇게 부황난 모습 속에서도 생명이란 질긴 것이라, 풀뿌리를 캐어 먹으며 서로 살아 있음을 확인했었다. 그 모양이 '나물 캐는 모습'이란 이름으로 어느 화가의 명소재가 되어 미술관에 걸려 있으니, 그 그림을 보고 눈물을 왈칵 쏟을 만큼 옛 기억의 봄은 아프고 생생하기만 하다.

봄은 희망의 계절이라는데, 아무리 생각해도 그 뜻을 알 수 없음은 나의 무지 때문인가. 아니면 희망이 없었던 지난날을 용케도 견디어 아들 딸 낳아 잘 키워 사회인으로서 내놓았으니, 이것이 봄의 희망인가?

생각해보면 희망은 멀리 있지 않다. 희망을 모르고 살면서도 맨드라미 빨갛게 피는 장독대는 가을의 풍요로움을 알려 주었고, 가까이 있지 않아도 피붙이들의 모습 떠올리면 마음이 훈훈해지니 진정 희망은 미래가 아니라 '지금'

임을 새삼 느껴본다. 까만 나목에 푸른 잎이 피어 새로운 삶을 시작하듯이 희망을 찾고 또 다른 희망을 위하여 봄을 맞이하자. 푸른 하늘의 국화꽃을 상상하고 고향집 맨드라미를 생각하자. 봄을 위하여….

– 봄비 내리는 어느 날

마음이 머무는 곳

창 너머 라일락 잎사귀가 노랗게 변하는 모습을 보며 너무나 앞뒤 없이 빠르게 달려왔으며, 쓸데없이 업만 짓는 말을 지껄이며 살아왔다는 생각이 든다. 머지않아 하얀 서리 내리면 화려한 꽃을 피웠던 나무는 나목이 되어 엄동의 계절을 묵묵히 서서 이겨낼 것이지만, 나라는 사람은 엄동을 이기지 못하고 쓰러져 하얀 뼈만 앙상하게 남을 날이 곧 올 것임을 느끼는 가을날 오후다.

시작된 삶을 마치는 것이 자연의 이치이고 운명이라 할지라도 그 끝맺음을 나목과 같이 아름답게 할 수는 없을까. 자신의 의지대로 삶을 끝낼 날과 시간을 미리 정해놓고 가는 고명한 선사는 되지 못할지라도, 단 한 잎의 미련도 남기지 않는 나목과 같은 숭고한 마지막을 꿈꿔본다.

나목에서 떨어진 나뭇잎은 파란 하늘을 날아 어딘가에 떨어져 새로운 삶을 위한 양식이 될 것이다. 나도 내가 떨어질 시간과 장소를 준비하여 의미 있는 시간으로 만들고 싶다. 그리고 삶에 찾아들었던 온갖 탐욕과 번뇌에서 벗어나 자유로워지고 싶다. 아마도 그 첫 걸음은 고향의 기울어진 대청마루가 아닐까. 보든 것을 남김없이 털어 버리고 그곳으로 돌아가 선조들의 체취를 느끼며 살아가고 싶다. 벽오동, 난, 모과, 전나무 숲에 둘러싸여 쾨쾨한 거름 냄새가 정겨운 그곳. 내 마음의 고향을 생각하며 기름내 나는 서울을 떠날 준비를 해본다. 까까머리에 통바지 차림으로 떠났던 그곳을 이제는 하얗게 세어버린 머리를 하고 즐겁게 찾아가련다.

– 2002년 10월 2일

고향집에 서서

뜰 앞에 핀 노란 매화꽃을 보며 겨울이 끝나고 봄이 왔음을 알았습니다. 초여름에는 난의 고귀한 모습에 취하고, 건너편 밭 살구꽃의 화려함을 보며 모닥불을 피웠지요. 가을이면 보리수염을 태우고 멍석에 누워 하늘의 별빛을 헤아려 꿈을 낚았고, 겨울이면 손이 얼어 터지도록 짚방석을 깔고 미끄럼을 탔습니다. 별자리를 가르쳐 주고, 봉숭아물을 들여 주며, 새끼를 꼬면서 살아가는 얘기를 건네던 어른들은 모두 세월의 강 너머로 가버렸습니다. 이제 홀로 서서 가을날 저녁의 쓸쓸함을 느끼며 지난날을 생각해봅니다.

창호지 문 너머로 황촛불이 일렁이고 그 곁에서 글을 읽으시던 할아버지의 모습이 아직도 선합니다. 무엇 때문에 낮에는 일하시고 밤에는 잠도 잊은 채 책을 읽으셨는지 저는 耳順이 되어야 그 이유를 깨달았습니다.

뒷문 밖 장독대 옆에 나란히 누워 있던 터줏가리 토지신과 풍년신도 이제는 토지신만 외로이 남아 옛일을 이야기해 줍니다. 조상의 손때가 묻은 그 많던 장독들도 지금은 주인을 잃고 제 쓰임을 다하지 못하니 흉물스럽습니다. 그 장독대 화단에 정성스럽게 맨드라미를 심던 누님들도 이제는 호호백발이 되었답니다.

인동초 피던 울타리는 시멘트 블록으로 바뀌었고, 이제 꽃을 볼 수조차 없으니 인동초 심은 뜻을 누가 기억이나 할까요. 가을이면 그렇게도 탐스럽게 열리던 감나무도 고목이 되어 흉물스럽게 서 있어 마음을 안쓰럽게 합니다.

항상 맛 있는 음식과 과일을 올려놓고 손자들에게만 꺼내주던 시렁 위에는 이제 아무것도 없어 쓸쓸함이 감돌고, 등잔불 켜놓고 밤새도록 모시치마 저고리를 만드시던 어머니도 이제 병드셨는데, 아직도 부엌에는 낙엽 태우며 지어주시던 구수한 밤 냄새가 가득하니 지난 시절이 그립습니다.

누런 황소 매여 있던 곳에는 황소 대신 경운기가 놓여 있고 가을 하늘 아래 쇠똥을 열심히 굴려가던 쇠똥벌레도 자취를 감추었습니다. 뒷산에 아름답게 피던 솜이불 덮은 할미꽃이 보고 싶어도 찾을 길 없고, 제삿날이면 일가친척들로 북적이던 집안에도 정적이 감도니 세상은 변하고 세월은 흘러가나봅니다.

아기 우는 소리가 사라지고 폐가가 늘어나더니 친족이

기거하던 집에도 다른 사람들이 자리를 차지하고 있습니다. 그렇게 흔하던 짚더미도, 새끼줄도, 가마니도 사라진 지 오래고 풍요롭던 광은 문명의 이기로 인해 그 쓰임을 잃었습니다. 소 우는 소리, 닭 우는 소리, 개 짖는 소리, 글 읽는 소리. 그저 그런 고향의 소리가 듣고 싶었으나 사랑마루에 걸터앉아 먼 산을 바라볼 뿐입니다.

너무 쉽게 살아온 것일까요. 가슴에 묻었던 옛일을 그리며 눈물만 흘릴 뿐입니다. 마치 삭막함의 한 가운데 홀로 서 있는 것 같습니다. 내게 많은 것을 준 고향이건만 그 은혜에 보답하지 못하고 모든 것을 잊고 살아온 내 죄를 무엇으로 씻을 수 있을까요. 적막감이 감도는 고향집에 서서 스스로 자책해봅니다.

– 2003년 12월 9일

감 자

비가 내리는 오후 하릴없이 책을 뒤적이며 라디오에서 나오는 바이올린의 선율을 듣는다. 입이 출출한 차에 문득 감자라는 먹거리를 추억하고 있는데 아내가 마침 감자를 삶아 내오니, 마음이 통한다는 말을 새삼 실감하며 웃었다.

감자는 내가 어릴 적 시골에서 가장 흔하면서도 요긴한 먹거리 중 하나였다. 특히 한참 보릿고개를 넘을 무렵에 먹는 감자는 더없이 소중한 양식이었다. 이른 봄, 땅에 묻었던 감자를 꺼내 화로에 구워내면, 그 뜨거운 감자에 입이 데는 것도 모르고 허겁지겁 먹어댔을 정도다. 또 다음 농사에 써야 할 씨감자를 몰래 구워먹고, "누가 감자를 먹었느냐"는 물음에 시치미를 떼고 앉아 있노라면 결국 입에 묻은 시커먼 흔적에 영락없이 꿀밤을 맞았으나, 그래도 좋을 정도로 감자는 맛난 것이었다.

밥에 넣어 쪄낸 감자 또한 일품이다. 감자를 숨긴 밥그릇을 차지하고, 누가 볼까 수저로 뭉개가며 몰래 먹던 그 맛에는 어머니의 사랑 또한 담겨 있기에 다른 무엇과도 비교

할 수 없었다. 별이 초롱초롱 빛나는 저녁, 온 식구가 마당에 둘러앉아 먹던 햇감자는 할아버지의 옛날 이야기가 곁들여져 더 맛이 좋았으리라. 그 때 함께 멍석에 앉아 있던 식구들 중에는 이미 세상을 떠난 사람도 있고, 살아 있는 이들도 모두 환갑을 넘겼으니 세월이 빠름을 실감한다. 그렇게 감자가 맛있고, 별이 황홀하게 빛날 날은 아마 다시없을 것이다.

몇 년 전 중국에 가 있을 때 넓은 구릉을 가득 채운 감자를 보고 꽃이 예쁘다는 생각을 먼저 하니, 감자만 보면 먹을 생각부터 하던 배고픈 어린 시절이 어느 새 아득한 추억이 됐음을 깨닫는다.

그러나 지금도 외식을 할 때면 옛 버릇을 버리지 못하고 찬으로 나온 감자를 과식하곤 한다. 씨감자를 간장에 졸여 통째로 내오는 반찬을 수 차례 내다먹고 정작 식사는 제대로 하지 못하니 "촌놈은 할 수 없다."는 지인들의 웃음 섞인 농이 정답인가 한다.

간식으로든 주식으로든, 아니면 반찬으로 먹든 감자는 항상 나의 식욕을 돋구니 이보다 이롭고 기분 좋은 먹거리가 또 어디 있을까. 오늘따라 내 마음을 알아차려준 아내가 너무나 사랑스러우니 이 또한 감자 덕이 아닐까 한다.

- 2002년 7월

능소화

방에 누워 창 밖을 보니 능소화가 곱게 피어 있습니다. 이층 베란다 아래로 주황색 아름다운 꽃송이를 늘어뜨려 마치 커튼에 레이스를 단 것 같이 아름답습니다. 이런 곱디고운 꽃의 가루가 어떻게 어린아이의 눈에는 독이 된다는 것인지 마냥 슬퍼집니다. 혹 무슨 사연으로 어린아이와 원한을 갖게 된 것인지 궁금해집니다.

담장 너머 늘어진 능소화와 앞집의 빨간 지붕은 마치 시골집 초가지붕에 고추를 널어놓은 풍경 같아, 바라보고 있노라니 벌써 마음은 고향에 가 있습니다. 빨간 지붕 위에는 고향의 연시 대신, 북한산 능선이 어우러져 한결 고향 생각을 더합니다.

며칠 전 성묘길에 고향 개천에 앉았었지요. 송사리 한 마리라도 보고 싶었는데 오랜 시간 동안 개울 물가에 앉아 있어도 그 그림자조차 볼 수 없으니, 고향을 잃어버린 것 같아 가슴이 쓸쓸하고 먹먹했습니다. 오늘따라 창 밖 풍경을 보며 고향을 생각하는 것은 저 능소화꽃 한 송이 때문이니,

바람에 흔들리는 꽃 한 송이가 이렇게 귀중한 것인 줄 이제야 알았답니다.

능소화 매달리고, 고추랑 하얀 박고지가 널려 있는 초가지붕, 그리고 나무에 매달린 연시와 마당 귀퉁이의 누렁이가 마음을 살찌게 했던 고향집. 언제부터인가 다녀오기만 하면 마음이 울적해도, 또 못내 그리워 가고야 마는 그곳은 어머니의 탯줄처럼 나와 긴 인연으로 맺어진 곳인가 봅니다. 휴일 오후 방에 누워 고향을 생각케 하는 능소화를 바라보며 즐기는 한 때의 여유가 더없이 소중하고 감사할 뿐입니다.

– 2003년 8월 17일 오후

회화나무의 의미

고향집 앞 오고가는 길목에 몸뚱이가 까맣고 줄기가 곧게 뻗은 나무 한 그루가 있다. 15m는 족히 되는 큰 키에 봄이면 우윳빛 꽃송이가 만개하고 가을이면 염주알 같은 열매를 맺어 사시사철 위용을 자랑하는 나무다. 학명으로 '회화나무' 또는 '학자수'라고 하고 영어로는 'Chinese scholar tree'라고 한다.

회화나무는 학자 혹은 벼슬을 상징하는 나무로 예로부터 立身出世의 상징이었다. 선비들은 벼슬에 오른 기념으로 자신의 집 정원에 이 나무를 심었고 호탕하면서 무게 있고 깨끗하면서도 조화를 이룬 그 나무의 품새를 배우고자 했다. "느티나무가 법을 지키는 나무라면, 회화나무는 법을 만들어가는 나무"라는 말이 있듯 긴 세월 동안 어떠한 규칙에도 얽매이지 않고 독창적이며 조화롭게 자라는 모양이, 앞선 사람들의 업적을 뛰어넘어 언제나 개성 있는 새로운 분야를 개척하는 학문의 길과 닮았다는 것이다.

고향집 길목에 있는 회화나무는 지금부터 200여 년 전에 5대 선조께서 “이 나무를 심으면 집안에 훌륭한 학자와 삼공이 태어난다.”는 중국의 문헌에 따라 심으시고 후세의 성공을 기원하셨다. 그러나 상금까지 선조의 원과 나무의 기계를 잇지 못했으니 후세의 용렬함이 부끄러울 뿐이다. 그러나 내 후대에는 틀림없이 그 뜻이 이루어질 날이 있을 것이라고 마음 속으로 되뇌어본다.

충남 해미읍성에 가면 600여 년이 된 이 나무가 絞首木이라는 이름으로 서 있는데 본래 심은 뜻과는 달리 대원군의 천주교 박해 때 교인들을 이 나무에 목매달아 죽였기에 붙여진 이름이다. 또 안동 도산서원에 가면 1,000원 권 화폐 속에 등장하는 회화나무 숲을 만날 수 있다. 그러나 400년이 넘은 가장 오래된 나무는 5년 전 고사했으니 그 관리 소홀이 안타까울 뿐이다.

아무리 나무의 뜻이 깊고 심은 사람의 마음이 깃들어 있더라고 후세가 그것을 잘 보호하지 못하면 모두가 허사가 아닐까. 요즘처럼 사회가 어지럽고 교육이 중심을 잡지 못하는 현실에서 교육자나 학부모들이 여유를 가지고 학자나무의 뜻을 새겨보았으면 한다. 그 탐스러운 가지와 올곧은 모습 속에서 고난과 환경에 굴하지 않는 의지를 펼치는 기개를 배울 수 있을 것이다.

고향집에 갈 때마다 변함없이 서 있는 나무를 올려다 보며 "잎이 한꺼번에 활짝 피면 풍년이 든다."는 할아버지의 말씀을 떠올려본다. 우리 고향집을 영원히 지켜줄 회화나무에게 내년에는 막걸리 몇 말 사다 주어야겠다.

- 2003년 4월 1일

귀거래사

빡빡 머리에
氣槪기개 충만하고
통바지, 통저고리 입고
집을 나서 타향살이 시작한 지
49해

길살이 뜻 모르고
어머니께 등 떠밀려
눈물 보이는 모습 보며
대문 나서던 날,
누렁이 꼬리치던 이유
이제야 알 것 같소.

안개 낀 산 속 가며
보이는 것이 불행이고
보이지 않는 것이 행복인 것을

눈치 챘소.

눈뜨고 49년 걸있지만

집 떠난 삶

눈먼 그것이었소.

살아가는 길은

아는 것이 없고

모두가 아예 모르는 것이었소.

안다는 것은

너무나 초라했고

한 생을 산다는 것은

안개 속에 서 있는

그 모습 바로 그것이었소

그래도 안개 속을 방황하여

평화와 고요가 깃든

집으로 가려오.

담 무너져 폐허되고

집은 기울어져

흙물이 되었어도
마음이 그린 해 지는
황토벽 바라보며
돌아오기 잘했다고
큰소리 쳐본다오.
빡빡머리 돌아왔소.

– 2002년 6월 초하루

Part 04. 단상, 삶의 길을 돌아보며

理由 있는 삶

남쪽 창가 햇빛이
따뜻해 보임은
추위가 있기 때문입니다.

파란 하늘이
풍성하게 느껴짐은
감이 주렁주렁 달렸기 때문입니다.

마음에 평온함을
가져오는 이유는
정다운 선율이 흐르기 때문입니다.

자연이 삶의
이치를 말하여
영혼을 살찌게 합니다.

살찐 영혼은
가을을 보내고 겨울이 오면
사람을 성숙하게 합니다.

행 복

“행복이라는 것은 자기 마음에 있는 것이지 다른 곳에서 찾는 것은 어리석은 것”이라고 옛 성인들께서는 이미 말씀하셨는데, 최근에 나는 행복한 순간들을 맞이하면서 그 말씀을 새삼 되새겨보게 되었다.

내 다리가 건강하여 산에 올라갈 수 있으니 행복하고, 어머니께서 내년이면 米壽이시니 환갑이 넘도록 어머니를 모실 수 있으며, 손자 玹宇의 재롱이 온 집안에 웃음을 주니 나는 정말로 행복한 사람이다. 그리고 아내가 나의 건강을 위해 부처님께 기도드리고 아들 둘에 딸 하나, 며느리 모두가 건강하니 더욱 행복한 사람이다. 제사를 올릴 조상이 있어 집안에 사랑이 흐르도록 항상 행복한 삶을 지켜 주시고, 그 조상님들 덕에 공기 좋은 시골에 커다란 집을 가질 수 있었으며, 굶지 않을 만큼 재산도 있으니, 이보다 더한 행복의 조건이 어디 있겠는가.

또한 봄에는 정원에 온갖 꽃들이 피고, 여름에는 비록 모기에 뜯길지라도 백여 년 이상 된 느티나무의 그늘이 있어 좋으며, 가을에는 온갖 과일이 지천이고, 겨울에는 동화에

나 나올 법한 하얀 눈이 덮인 아름다운 산 속에 묻혀 있으니, 나는 진정 행복한 사람이다.

사람의 욕심은 끝이 없어서인지 때로는 나보다 나은 사람을 보면 부러울 때도 있지만, 마음을 고쳐 먹으면 모든 것이 과욕임에 틀림없다. 이제 아이들에게도 너무 욕심을 가지지 말라고 이야기하고 있지만, 행복은 자기 마음에 여유를 가지면 찾아오는 것이니 항상 자기를 갈고 닦는 일에 소홀함이 없고 만족할 줄 아는 삶을 사는 것이 행복의 근원임을 스스로 깨달았으면 한다.

나는 행복하다. 그래서 마음의 여유가 있고 생각할 수 있어 행복하다. 오늘도 북한산의 능선을 바라보고 걸으면서 조상의 고마움을 되새겨본다.

–나의 모든 행복을 감사하면서

첫눈 오는 날

앞이 보이지 않을 정도로 쏟아진 눈이 아름드리나무를 무겁게 짓누르고 앉아 항복하라고 을러댄다. 그러다가도 작은 참새 한 마리 이기지 못하여 심산유곡에 떨어지는 폭포수처럼 낙하하니 그 하얀 빛깔에 내 마음은 여백으로 가득 찬다. 그 여백에 추억의 오색물감을 가지고 수채화를 그리다보면 어느덧 행복감에 취한다.

한창 눈 내리는 고향의 겨울을 생각하면 어릴 때 실개천에서 어레미 가지고 개구리 잡던 일과, 사금파리에 발을 찔려 피가 나오는 것도 모르고 그저 좋아서 뛰놀던 모습이 떠오른다. 또 잔설이 분분히 날리는 이른 봄, 공부 문제로 어머니 품을 떠나 타향살이하면서 그 지겨운 전셋값 때문에 점점 높은 곳으로 이사를 계속하다가 결국 짐수레도 들어가지 못하는 골목어귀에 살던 시절도 떠오른다. 오르내리는 일은 힘들었지만 그래도 눈이 오는 날 그곳에서 내려다본 판잣집과 시내는 아름다웠기에 높은 곳에 사는 것도 나쁘지 않다고 생각하곤 했다.

반면, 대학을 졸업하고 사회에 진출하여 만난 눈은 징그러운 흉물이었다. 출근을 위해 새벽 일찍 집을 나설 때면 출근길을 괴롭게 하니, 차라리 눈이란 물건이 없어져버리기를 바랐던 적이 골백번이다.

근래에 눈은 설레는 감정을 자극한다. 눈 속에서 피는 매화는 나의 가슴을 두근거리게 하여 사랑하는 여인을 보는 것처럼 황홀경에 빠져들게 하니, 옆에 찻잔을 들고 서 있는 아내가 있는지도 느끼지 못할 정도로 행복하다.

그 중 가장 마음에 깊이 각인된 추억은 눈이 오는 날 화로를 옆에 끼고 밤을 굽던 일이다. 퍽퍽 밤 껍질 터지는 소리에 입에는 침이 가득히 고이고, 뜨거운 것도 잊고 익기가 무섭게 얼른 까서 입에 넣으면 그 맛의 구수함이란 비교할 데가 없었다. 그때 할아버지는 화롯불을 이리저리 들춰가며 "어떻게 사는 것이 현명한 삶인가"를 우리에게 가르쳐 주시곤 했는데, 그 말씀은 군밤보다 구수하고 이로운 것이었다. 이제 할아버지 모습을 뵐 수 없지만 눈이 오는 날이면 지금도 쉽게 잠이 들지 못하는 것은 눈에 얽힌 지난 추억들을 반추하며 앞으로 살아갈 일도 마음에 설계해봄 때문이다.

이처럼 눈이란 그에 얽힌 추억을 상기시켜 사람의 마음

을 행복하게도 슬프게도 하고, 그 녹는 모습을 통해 인생살이의 고뇌도 일러준다. 오늘도 눈은 오는데 건넌방에서는 어머니께서 신경통으로 아픔을 하소연하는 소리가 마음을 송곳으로 찌르고 있지만, 슬픔보다도 행복이 더하기 때문에 강아지처럼 한없이 즐겁기만 하다.

- 1999년 12월 14일

까치집을 보는 마음

양지바른 산등성이에 앉아 까치 두 마리가 둥지짓는 모습을 본다. 사람은 나쁜 머리를 두고 '새 대가리'라고 조롱을 하지만, 그 새 대가리를 가진 까치가 인간보다 더 아름답고 예술적인 집을 짓고 있는 모습이 참으로 경탄을 자아낸다. 까치는 자신의 집을 짓는 데 반드시 나무의 생가지를 꺾어 소재로 쓰며 옛집의 가지 하나도 절대로 새집에 섞지 않는다. 또한 삭정이 역시 절대로 물어 나르지 않는다.

한 마리 새의 둥지일지언정 원칙과 정성을 다해 완성된 까치 둥지를 볼 때마다 무릇 삶이란 올바로 살기 위해 늘 고뇌하고 근면하며 정의로워야 된다는 것을, 또 이러한 진리는 새나, 짐승이나, 인간이나 모두 같다는 생각을 해본다. 언제쯤 나는 저 까치집처럼 아름답고 숭고한 나의 집을 지을 수 있을까. 진실한 삶을 위하여….

도둑의 7계명과 나의 意志

하늘은 높고 도봉의 오봉이 유난히도 아름답게 보이는 일요일 오후, 지하 방에서 오랜만에 'The Rite of spring'을 들으면서 멍하니 앉아서 감상하고 있는데 문득 눈을 떠보니 구석에 놓인 책에 파랗게 낀 곰팡이가 보인다.

그동안 책을 여기저기 놓아두었다가 중국에서 귀국한 후, 마침 지하 방이 비게 되었기에 나만의 공간으로 꾸몄다. 그리고 일주일에 세 번은 지하 방에 와서 생활하면서 독서와 음악 감상을 하고 중국에서 하다가 중단한 서예도 하겠다고 결심했는데, 책에 곰팡이가 생기도록 지하에 오지 않은 것이다. 항상 모든 시작은 거창하나 결과를 얻지 못하니 용두사미라는 말이 떠올라 부끄럽기만 하다. 또 별로 하는 일도 없이 매일 용산 사무실에 나가니, 그 이유도 찾지 못하면서 괜히 쓸데없는 욕심을 부려 화를 자초하고 있는 게 아닌가 하는 생각도 든다. 게다가 60 평생 동안 마음으로 계획하였던 일을 20%도 실행에 옮기지 못한 내가 주위의 후배들이나 자식들에게 이것저것 충고를 하곤 했으니, 지금 생각하면 그 모습이 우습기만 하다.

집이 잘 성논되지 않았다고 아내를 질타하면서도 스스로는 한 번도 청소하지 않았고, 때때로 자신도 하지 못했으면서 자식들에게 꼭 실행하라고 꾸짖곤 하니 이 모두가 나의 의지가 굳지 못하기 때문이다. 이렇듯 마음을 바로잡지 못하니 병이 걸려도 참으로 중한 마음의 병에 걸린 것 같다.

최근에 〈아라리 난장〉이란 장편소설을 읽었는데 도둑도 7계명을 지킨다는 내용이 있다. 하물며 도둑도 반드시 지키는 계율이 있는데 나는 도둑 만큼의 의지도 가지고 있지 못하니 그동안 여러 지인들에게 얼마나 많은 폐를 끼쳤겠는가 생각해본다.

왜 의지가 자꾸 흔들릴까. 몸에 맞지 않는 불편한 옷을 입은 듯 분수에 넘치는 일에 관심을 가지고 불나방이 불을 쫓듯 달려가며, 일이 성공하지 못하면 불평이나 하고 있었던 것은 아닐까. 이제라도 가을의 높은 하늘과 같이 깨끗한 마음을 가지도록 노력해야 될 것 같다.

생각난 김에 '도둑의 7계명'을 적어 보며 스스로를 반성해본다.

♠ 도둑의 7계명

1. 밤낮을 가리지 않고 일한다.
2. 자기가 한 일을 남에게 자랑하지 않는다.
3. 닥친 일을 하루 밤에 끝내지 못하면 다음날 밤에 다시 도전한다.
4. 작은 일에도 목숨을 건다.
5. 아주 값진 물건이라도 애착을 가지지 않고 몇 푼의 돈과 바꿀 줄 안다.
6. 시련과 위기를 아무렇지 않게 견디어 낸다.
7. 함께 일하는 동료가 벌이는 일도 자기 일처럼 생각한다.

雨中山行

비가 오는 아침, 일찍 일어나 산에 갈 준비를 하는 것이 나는 참으로 좋다.

우산이 없다는 핑계로 아내의 빨간 우산을 가지고 나갈 수 있어서 좋다. 빨간 우산을 남자가 그것도 젊은이가 아닌 늙은이가 들고 다닌다면 모두 웃겠지만, 그 큰 용기와 청춘에 대한 아련함이 그들에게 유쾌한 웃음을 줄 것이니 즐겁다.

산에 오르면 푸른 나뭇잎이 비에 젖어 그 싱그러움이 더하니 내 마음에도 희망이 생겨 좋다. 비 때문에 온갖 날짐승의 울음소리 그치고 오직 찌르레기란 놈만 우렁차게 울어대니, 비 오는 소리와 우산 위에 떨어지는 물방울 소리가 빚어내는 자연의 교향곡을 들을 수 있어 좋다.

비 맞은 가지가 무거워 축 늘어트리고 쉬고 있는 나무를 보고 있노라면 자식을 키우는 어머니 생각이 나서 좋다. 먼지가 푸석푸석 나서 얼굴이 뽀얗게 되던 산길에 비가 촉촉이 내리면 먼지 묻은 등산화가 세탁되고 산길에 피가 도는 것 같아 좋다.

비가 오면 등산객이 없어 앞선 사람을 따라갈 일도, 뒷사람보다 처질 일도 걱정 없으니, 마음이 고요하고 평화로워 좋다. 사람들 눈치 보지 않고 멋대로 걸어서 가노라면 정말로 신선이 된 기분이다. 무당들이 치성들이던 곳에 앉아 쉬면 내가 神이 된 기분이라 우쭐해져 좋다. 계곡에서 흐르는 개울물 소리가 은은히 들려와서 마음을 달래주고 새로움을 가져다주는 것 같아 좋다. 우산을 써도 옷에 비가 살며시 들어와 살을 간지럽게 하면 아내 모습이 그리워져 좋다. 아내가 쓰던 우산자루에 그 체취가 남아 있어 따스함을 느끼게 하여 좋다.

산 속 오솔길에 항상 노인이 먼저 차지하고 명상하던 자리가 비어 앉아보니 내가 요가의 대가처럼 생각되어 좋다. 비가 오는 산 속에 구름이 내려앉으면 어머니 품속에 있는 것처럼 포근해서 좋다. 비에 머리가 젖어 얼굴에 땀과 비가 흐르면 오래된 때가 없어지고 미남이 되는 것 같아 좋다. 빛 바랜 이끼가 파랗게 피어나 삶의 질곡에서 헤매는 나에게 희망을 주어서 좋다. 비가 오는 날에 산에 올라 비 맞으며 걸으면 희망과 용기와 환희를 느낄 수 있으니 더 없이 좋다.

비 오는 날 아내와 함께 산행하는 날이 오기를 기대해본다.

- 2000년 6월 22일

서편제를 들으며

창 밖에 비가 주룩주룩 내리고 집은 고요 속에 묻혀 있다. 매일 듣던 고전음악을 틀어놓고 듣다가 불현듯 국악 생각이 나서 〈서편제〉라는 영화의 주제곡을 CD에 넣고 들으니 비 오는 소리와 앙상블이 되어 나의 심금을 울린다. 내가 국악을 좋아하게 된 것은 중국에서 지내던 시절부터로, 나이가 들어 타국에서 생활하면서 무료할 때 한 곡 한 곡 들으며 마음을 달래다보니 서양 고전음악과 더불어 평소에 즐기는 레퍼토리로 자리잡았다.

젊은 시절에 思友가 나이가 들면 국악이 좋아진다고 이야기할 때 "그 답답한 곡을 듣는다는 것은 내가 한사코 거부하는 Avant-garde(아방가르드, 전위예술)를 감상하는 것이고, 피카소 작품처럼 알아볼 수 없는 미치광이 그림을 좋아하는 것"이라고 웃어 넘겼으나, 오십대에 접어들고는 스스로 명창들의 CD를 사서 듣기 시작했고 그동안 우리 음악에 너무 무지했음을 느끼게 되었다. 마음이 외롭고 쓸쓸할 때 안숙선 명창이나 김소희 명창의 소리를 들으면 마음에 오색 무지개가 피어나는 것 같아 기분이 상쾌해진다. 또 서편제와 동편제가 함의하는 바가 서로 다르고 각각 가락의 맛이 상이함을 알고나서는 국악에 심취하는 날이 더욱 많아지고 듣는 행복도 더욱 커졌다.

이제 어디선가 국악의 가락이 흘러나오면 누가 시키지 않아도 절로 어깨춤을 추게 되니, 이는 꼭 내가 늙은 탓만은 아닐 것이다. 아마도 국악이 백의민족의 음악이기에 태어나면서부터 나의 가슴 속에 그 친근한 가락이 유전인자처럼 각인돼 있는 이유는 아닐까.

어느 조용한 날 愚居에서 국악을 즐기노라니 국악의 가락 속에 담긴 선조들의 고난과 의지가 느껴져 국악이 더욱 위대한 우리 음악임을 실감한다. 지금까지 국악을 지키고 가꾸어온 이들의 위대함에 존경을 보낸다.

집 보기의 행복

회사를 퇴직하고 난 후 가끔 아내와 아이들이 외출하고 나서 집에 혼자 있을 때가 있다. 날씨가 화창한 날이면 내가 먼저 나갈 걸 그랬다는 후회도 해보지만, 막상 닥치고 보면 그럴 용기가 나지 않을 뿐더러 좋은 점도 많다. 혼자 집에 있으면 우선 잠을 늘어지게 잘 수 있어 참 행복하다. 해가 방안을 몽땅 삼킬 때까지 좋은 꿈을 꾸며 깊은 잠을 자는 것은 해보지 않은 사람은 말할 자격이 없다.

가끔 아내를 찾는 전화가 정적을 깨트리며 잠을 깨울 때도 있지만 그 외에는 간섭하는 사람이 없어서 좋다. 또한 아내가 청소하지 않은 집안을 치우노라면 가끔 동전 몇 닢을 줍는데 그런 잡수입을 올리는 것도 즐거운 일이고, 청소와 설거지를 해놓아 아내가 좋아하는 모습을 보는 것도 좋다.

예전에는 집에서 일하는 것이 아무것도 아니라고 생각하고 아내에게 매일 집에서 놀고 먹는다고 이야기했는데, 막상 가사 일을 해보면 참으로 힘이 드는 것 같고 밖에 나가 일하는 것보다 결코 수월하지 않은 것 같다. 최근 이혼에 대한 기사에서 아내의 몫으로 재산의 반을 주라는 판결문을 본 적이 있는데 그 담당판사가 애처가인지 공처가인지는 모르지만 가사 일을 많이 해본 사람이라고 추측해본다.

또 집안 일을 마치고 멍하니 앉아서 명상 아닌 명상을 할 때면 아내와 30여 년을 살아온 지난날의 일들이 스크린처럼 지나간다. 즐거웠던 일, 괴로웠던 일, 특히 어려웠을 때 잘도 참고 견뎌줬던 것을 생각하면 일 년에 며칠 가사 노동을 해주는 것만으로 보상은 되지 않겠지만 아내가 조금이라도 즐거워하면 그것으로 족하다.

휴일 오후를 즐기며, 오랜만에 LP축음기 관을 꺼내 청소하고 로마노프의 피아노 협주곡을 듣고 있노라니, 차 한 잔으로 자릿세를 대신하고 하루 종일 앉아서 죄 없는 성냥개비나 부러뜨리며 벗들과 놀던 옛날 명동의 르네상스 음악감상실 생각이 난다. 집을 보는 것도 늘그막엔 이래저래 하루를 보내는 소일거리가 되는가 보다.

– 휴일의 어느 날

苦難

산다는 것은 하늘과 비슷해서 맑을 때가 있으면 비가 올 때도 있고, 상쾌할 때가 있으면 우울할 때도 있다. 하늘의 상태를 함부로 예측할 수 없는 것처럼 삶에는 고통스럽고 괴로울 때가 많으니 그럴 때일수록 생각해보는 여유를 가져야 한다.

만약 자신만이 고통스럽다고 생각하면 남을 쉽게 원망하게 되고 조그만 일에도 섭섭한 마음을 갖게 된다. 섭섭함이 쌓이면 마음의 병이 되고, 용기가 없어지며, 모든 사람이 내편이 아닌 듯 느껴지니 마치 외딴섬에 혼자인 것 같아 정말 죽고 싶은 마음도 생긴다. 이처럼 누구를 원망하는 것은 또 다른 죄를 짓는 것이고, 또 다른 하나의 원망을 낳게 되는 것이다.

고통스러울 때 누구의 도움을 받으려는 마음과 행동은 섭섭함과 의타심이 생겨나게 하고, 나의 불행이 마치 동기간이나 지인들 때문이라는 생각이 들게 한다. 사람이 살다 보면 도움을 받을 때도 있고 도움을 줄 수도 있지만, 무릇 이런 일들은 우연히 이루어지는 것이지 어떤 목적 속에서 이루어지는 것이 아니다. 목적의식을 가지고 돕고, 도움을 받으면 반드시 불의와 부정을 만들고 또 다른 원망과 고통을 쌓는 것이다.

마음이 아프면 혼자 서 있는 커다란 소나무 아래에 앉아서 이 나무가 어떻게 커왔는가를 생각해보라. 나무 한 그루가 자라서 이렇게 무성한 잎을 가지고 고고하게 서기까지, 그 누구의 도움도 없이 오로지 그 나무 스스로 자란 것이다. 나쁜 일이든, 좋은 일이든 모든 원인은 자신에게서 비롯됨을 깨닫고 혼자서 해쳐나가려는 마음이 들 때, 고통은 사라지고 마음은 평온해진다.

많은 사람이 오르는 산이라도, 어떤 코스를 선택하느냐에 따라 그때그때 다른 법이다. 어떤 날은 길이 대단히 험하여 고통을 당할 때도 있고 의외로 길이 호젓하고 아름다워 마음이 상쾌할 때도 있을지니, 모든 것은 그 길을 선택한 사람이 감당해 내야할 몫이겠다. 살아가는 길 역시 자신의 의지로 택하는 것이고 모두가 같지 않으며, 누구의 도움이나 지시, 타인의 의지가 섞여 있지 않는 것이다. 때문에 살다가 만나는 모든 일들은 스스로가 책임져야 한다.

우리의 삶은 스스로 택한 삶이기 때문에 원망하거나 고통스럽다는 생각을 버려야 된다. 하늘이 무너져도 솟아날 구멍이 있듯이 반드시 즐거움이 찾아온다는 것을 생각하고 살아가는 여유를 갖자.

- 2000년 6월

誤解

'오해'란 단어를 한글사전에서 찾아보면 "잘못 해석하는 것"이라고 나와 있는데, 사람이 살아가다 보면 이 오해 때문에 많은 일이 생기기 마련이다.

몇 년 전에 아내와 봉화의 선영에 참배하고 돌아오는 길에도 오해에서 비롯된 재미있는 에피소드가 있었다. 안동댐 상류에서 민물 매운탕을 먹기 위해 이 집 저 집 기웃거리다가, 적당한 집에 들어가 아내와 이런저런 이야기를 하면서 식사 나오기를 기다리고 있었다. 헌데 가게 주인과 일하는 아주머니가 우리를 자꾸 이상한 눈으로 쳐다보며 수군거린다. 아내에게 "당신같이 늙은 여자와 멋쟁이 남자가 데이트하는 것을 보고 미친 사람이라고 이야기하고 있다."고 하니, 아내는 "자신이 너무 늙고 머리가 빠진 '소갈머리 없는 남자'와 같이 다니니 불쌍하다."고 수군거린 것이라고 이야기하면서 웃었다.

요리가 나와 맛을 보니 경상도 음식처럼 짜거나 맵지 않고 감칠맛이 나서 배도 고픈 참에 맛있게 먹었다. 그리고 집에 연락을 하려고 주인에게 양해를 구한 후 아내가 전화를 거니, 가게 주인이 통화 내용을 듣고는 부부간이냐고 물어본다. 아내가 웃으면서 연인 사이라고 하니 주인도 웃으면서 정말로 밀애를 즐기는 손님인줄 알았다면서 부러워하는 것이었다. 또 우리 두 사람 나이를 40대 초반 즈음으로 젊게 보아주어 기분이 좋았다.

아마 오해를 불러일으키는 원인이 되는 것 중 술과 여자가 제일이 아닐까? 젊은 시절부터 술을 잘하는 관계로 항상 친구나 고객과 어울리는 일이 많았는데 술을 한참 마시다보면 짓궂은 술집 아가씨들이 옷에다 루즈를 칠해 놓는 경우가 종종 있었다. 때문에 다음날 아내에게 들키기라도 하면 눈치를 살피느라고 주눅이 들어 가재처럼 횡보하기에 바빴다. 어떤 친구들은 옷에 루즈가 묻으면 아예 옷을 세탁해 입고 들어가는 경우도 있지만 술에 취하면 루즈가 묻었는지 안 묻었는지 모르기 때문에 별일도 없었는데 죄인처럼 아내에게 시달림을 받기도 하는 것이다. 또한 술집 주인이나 마담이 모두 여자이기 때문에 술 먹은 후에는 셔츠 주머니에서 명함 한두 장 정도는 나오기 마련인데, 파출부 아주머니는 세탁 시에 이것을 무슨 보물인양 화장대 위에 모셔놓곤 한다. 그러면 그 다음 상황은 불문가지이다.

집에서나 밖에서나 항상 술과 여자 문제로 인해 오해를 받아 괴로울 때도 있지만 아내가 약이 올라 할 때면 속으로는 즐겁다. 이제 아내와 같이 살아온 지 32년이 되었으니 얼굴만 보면 무슨 일이 있었는지 서로 알지만 여자 문제만 나오면 불신하는 아내의 태도가 밉지 않음은, 나의 늙음 때문이리라 생각하면서 웃어본다.

– 2000년 8월 23일

벌 초

그동안 비가 많이 와서 벌초할 새가 없었는데, 추석 턱 밑에 이르러서야 삼부자와 아내가 같이 산소에 벌초하러 갔다. 산소는 누님께서 돌봐주셔서 잡초가 별로 없었음에도 벌초에 네 시간이나 걸렸다. 평소 등산도 해보고 골프도 해보았지만 몇 시간 동안 일하는 것이 참으로 더 힘이 들었다. 일은 우리 네 식구가 한 것보다 누님 혼자서 하신 것이 훨씬 많은데, 땀은 우리 네 식구만 흘린 것 같다. 회사를 그만두면 시골에 가서 농사나 짓겠다고 입버릇처럼 말하고 다녔으나, 몇 시간 산소의 잡초 뽑는 것도 괴로운 마음이 드니 뭐든 말로만 다하는 인생인가 보다. 안성 증조부 산소의 벌초까지 모두 마치고 나니 오후 4시 30분이다.

산소에 성묘할 때마다 느끼는 것은 앞으로 우리의 후세대가 "벌초를 할 것인가, 제사를 지낼 것인가, 산소가 훼손되면 보수는 제대로 할 것인가" 하는 것인데, 늘 어두운 그림자만 마음에 드리워진다. 아이들에게 일 년에 네 번은 꼭 산소에 성묘하라고 이야기 하지만 바쁜 세상에 실행할 수 있을지, 또한 경제적인 문제로 산소를 유지 보수할 수 있겠는지, 제사는 제대로 지낼 수 있을 것인지 그저 걱정뿐이다.

하여튼 산소에만 다녀오면 아이들이 잘해 줄 것이라는 희망만 가질 뿐 확신은 서지 않는다. 조상을 모시는 것이 정말로 큰 문제임에도 가문의 어른인 내가 감히 한 마디도 하지 못하니 벌초를 하고 돌아오는 길이면 항상 발걸음이 무겁고 내 자신이 원망스럽다. 자식들이 이 아비의 마음을 알아주었으면 하고 생각할 따름이다.

- 2000년 9월 2일

존경할 만한 사람들

자연은 항상 희망이 있다는 것을 일깨워주고 생명의 끈질김과 진정한 사랑이 무엇인가를 생각하게 한다. 아무리 혹독하고 추운 인고의 겨울일지라도 그 시간이 지나면 새 생명을 잉태한 버들강아지가 봉긋하게 순을 내밀며 봄을 알리는 것이다.

창 밖 라일락 가지 위에 산비둘기 한 쌍이 먹이를 찾아 기웃거리는 모습을 보며 저들에게도 곧 봄이 찾아올 것이라 생각하고 있는데 마침 라디오에서 희망을 품게 하는 사연이 들려온다.

경남 김해시의 박임출 씨의 남편 서정태 씨에 대한 이야기로 22년 동안 반신불수로 누워 있는 아내의 병 수발을 하며 지극 정성으로 돌보고, 딸까지 훌륭하게 키웠다는 내용이었다. 이런 사연을 듣고 있자니 감격과 존경이 절로 샘솟는다.

진행자가 남편을 전화로 인터뷰하며 그동안의 수고를 치하하고 "어떤 생각으로 스물두 해 동안이나 사랑을 베풀었느냐"고 묻자 "때로는 차라리 아내가 죽어주었으면 하고 생각한 순간도 있다."고 답한다. 그런 서정태 씨의 모습은 거짓과 가식이 없는, 그리고 고뇌와 번민을 가진 소박한 인간 본연의 모습이었다.

만약 내가 그런 환경에 처해 있었다면 그 많은 좌절과 고뇌를 이기고 살아갈 수 있었을까. 아마 절대로 그 자리를 지키지 못했을 것임이 솔직한 심정이다. 남편으로서, 아버지로서의 당연한 책임과 의무를 다한 것임에도, 누구나 쉽게 할 수 있는 일이 아니기에 서정태 씨의 그런 행동은 진정 위대하고, 사랑을 위하여 죽는 것보다 더 큰 희생이며 값진 일이라는 생각이 든다. 이런 사람들이 많을 때 이 세상은 부끄러움이 무엇인지 아는 진정 바른 사회가 될 것이다.

1997년에 중국에 있을 때 이문세 씨가 〈별이 빛나는 밤에〉 2만회 기념 방송을 끝으로 별밤지기 자리를 그만둔다는 소식을 접했을 때도 존경심을 느꼈다. 어려운 시대를 용케도 잘 버티어 청취자들과 웃음과 애환을 함께한 그가, 우리 청소년들에게 준 소중한 추억들은 그 어떤 정치인이나 지도자들도 줄 수 없는 큰 것이기 때문이다. 또 그렇게 오랜 시간을 자신이 맡은 일에 책임감을 가지고 열과 성을 다하는 젊은이가 우리 주위에 있다는 사실도 존경받을 일임에 분명하다.

최근에 베를린 영화제에서 평생 공로상을 받은 미국의 유명한 배우 Kirk Douglas(84세)는 시상식에서 "결코 포기하지 말라."고 말했다. 이는 어떤 좌절과 어려움이 있더라도 자신이 하는 일에 신념을 갖고 끝까지 매진하라는 의미가 아닐까.

세상이 아무리 혼란하고 지식층이 제구실을 못하더라도 우리 사회의 어딘가에는 결코 포기하지 않고 자기의 일을 꿋꿋이 하는 사람들이 있다. 그럼에도 많은 이들이 그런 사람을 존경하고 본받으려 하지 않고 지도층만 보고 존경할 사람이 없음을 한탄하는 경우가 많다. 이제 쓸데없는 오만과 아집을 버리고 모두가 함께 아름다운 꿈을 꿀 수 있는, 서로 존경하고 존경받을 수 있는 그런 세상을 만들어야겠다.

- 2001년 정초

추위와 추억

정초부터 눈이 많이 오더니 삼한사온이라는 우리나라 특유의 기온현상이 무색하게 영하 15℃를 오르내리는 추위가 극성이다. 겨울이 한창인 가운데 마침 추위와 관련된 기억이 몇 가지 떠올라 적어본다.

첫째로 제일 생각나는 것은 어릴 때 6 · 25 전쟁으로 피난가면서 겪었던 추위다. 그 추운 겨울에 입은 것도 별로 없이 솜바지 저고리를 달랑 하나 걸치고 걸어서 피난가면서 울기도 많이 울었다. 급기야는 손과 발에 동상이 걸려 저녁이면 콩자루를 사지에 매달고 자기를 얼마나 많이 했는지 모른다. 콩자루를 매어주던 從兄은 벌써 내 곁을 떠나 저 세상으로 간 지 40여 년이 되었고, 같이 가슴 아파 하시던 누님도 이제 칠순이 되셨으니 세월의 빠름을 실감할 따름이다.

다음으로는 군에 입대하여 강원도 양구군에 근무하던 때의 얘기다. 당시에는 유난히 많이 내리는 눈으로 인해 걷기조차 힘들었기에 화장실에 가는 일이 난관 중의 난관이었다. 때문에 화장실과 막사 사이에 줄을 매놓고 하루 종일 그것을 돌려 인공적으로 길을 내야 했다. 밧줄을 돌리느라고 손이 부풀었는데도 뻥 뚫린 터널이 신기하여 아픈 것도 잊었던 기억이 떠오르니, 지금 복무하는 후배들은 상상도 못할 상황일 게다.

또 그때는 모든 물품이 귀해 미군이 쓰다 남은 중고 군복을 수선하여 입고, 야전점퍼도 보초에게만 보급해주었기에, 평소에는 솜을 누빈 방한복 하나로 겨울을 나야만 했던 고생스런 시절이었다. 그러나 그런 고생 덕분에 사회에 나와서도 온갖 어려움을 딛고 지금까지 잘 살아왔으니, 어불성설이라고 말하는 이도 있겠으나 사실임에는 틀림없다.

세 번째로 생각나는 것은 1997년에 회사일로 중국 흑룡강성 무단장시에 가서 2년 동안 근무한 기억이다. 그곳은 눈이 오지는 않았지만 연일 강추위가 계속되어 혹독하기 그지없었다. 겨울이면 기온이 보통 영하 20℃에서 35℃를 오르내리기 때문에 겨울을 나기 위해서 각 가정에서는 유연탄을 땠는데, 그 연기가 마치 봄에 낀 안개처럼 시가지를 항상 덮고 있어 길을 걷다가도 눈물이 나올 정도로 매웠다. 당시, 완공도 되지 않는 아파트에 입주하게 되어, 밤이면 난방을 모두 키고도 모자라 가진 옷을 모두 껴입어도 너무 추워 모자까지 쓰고 잤던 일도 있다. 그때야 소련 사람들이 털모자를 쓰는 이유를 깨닫고 구입하였으나, 거추장스러워 딱 한 번밖에는 사용하지 않았다.

또 같이 근무하던 직원이 하얼빈에 간다기에 같이 가서 그 유명한 '얼음 조각전'을 관람했으나, 아름답게만 보이던 TV 속 풍경과는 달리 너무 추워 그냥 빨리 호텔로 돌아가고 싶은 생각만 간절했던 일도 있다. 그 때 함께 갔던 직원이 러시아 사람들이 만든 털 코트를 구입했는데 막상 무단장에 와서 입으려 하니 여자용이었다. 그는 크게 실망하였으나 나는 속으로 '그 직원의 체구가 여자 같아 입고 다녀도 좋았을 것'이라 생각하며 웃었었다.

추위와 관련된 이 모든 상황이 당시에는 너무 힘들고 괴로웠으나, 이제 와서 그리운 것은, 아마 아무리 어려운 상황도 지내놓고 보면 모두 '추억'이 되기 때문일 것이다. 요사이 부쩍 추워진 날씨 때문에 옷을 두껍게 껴입고 자가용을 타고 다니고 있노라니, 고생스럽던 그 때의 일들을 까맣게 잊고 사는 것 같아 안타깝다.

진달래꽃

숲은 언제나 질서 정연하다. 넘칠 때는 스스로 절제하고 부족할 때는 앞으로 나아갈 줄 안다. 날씨가 좀 따뜻하다고 먼저 나온 꽃잎은 심술궂은 꽃샘추위를 견디지 못하고 얼어버리기 마련이고, 진정 꽃의 아름다움을 뽐낼 줄 아는 꽃은 참았다가 만개하는 것이다.

그 중에서도 '절제'라는 꽃말을 가진 진달래는, 꽃말 그대로 인내와 절제가 무엇인가를 우리들에게 가르쳐주듯 조심스럽게 피어난다. 어릴 때부터 고향 산천에 지천으로 피어 있어 늘 보아오던 것이 진달래꽃이지만 내 기억 속의 꽃은 어여쁨보다는 인고의 시간을 함께한 애잔함으로 다가온다.

진달래꽃 봉우리가 봉긋해지면 겨우내 고개만 내밀고 있던 보리 싹이 2, 3㎝ 정도로 자라, 논밭이 보리 싹으로 파란 물결을 이루는데 그 시기가 바로 지긋지긋한 춘궁기의 시작이다. 지금은 진달래꽃으로 술을 담아 먹네, 말려서 차를 끓여 먹네 하는 수선을 피고 있지만, 당시는 허기에 지쳐 붉은 꽃을 따먹으며 어떻게 해서 뱃속에 넣어야 배가 부를까만을 생각했던 시절이었다.

언제부터인지는 모르지만 나 또한 진달래꽃을 보고 배고프다는 것을 잊어버리고 오직 아름다움을 감상하게 됐다. 아마도 요즘은 먹을 것이 지천이라 배고플 일이 없고 오히려 먹거리를 아끼지 못하고 낭비하는 경우가 많기 때문일 것이다. 그러나 진달래꽃을 따먹다가 모자라면 찔레꽃 새눈을 따먹고, 새로 나온 억새 싹을 달다고 먹어야 했던 그 시절을 생각하면 아무리 풍족한 세상이라 해도 모든 먹거리를 소중하게 다뤄야 되는 것이 당연한 일이라 생각해 본다.

유난히도 더운 봄 날 아침, 오솔길에 핀 진달래꽃을 쳐다보며 궁상맞은 생각을 하고 있자니 내 집 냉장고도 속이 비좁을 정도로 먹거리로 가득함이 떠올라 부끄럽다. 진달래를 따먹던 배고프던 기억을 갖고 있으면서도, 먹거리가 가득한 현실에서는 오히려 너무 잘 먹어 찐 살을 빼려 매일 산행을 하고 있으니 부끄러운 마음이 든다. 역사를 잊은 국민은 망한다고 하는데 지난날의 어려움을 잊어가고 있는 내 모습과, 아이들에게 배고픔이 무엇이며 진달래꽃의 꽃

말처럼 절제하는 법을 가르치지 못한 것이 못내 한스럽다.

얼마 전까지만 해도 북한산을 오르다가 아무 스스럼없이 계곡물을 먹었는데, 이제는 먹을 수 없게 되었으니 언제든 오늘 먹던 것을 내일 못 먹을 날이 오고 아예 먹거리가 부족한 어려운 날이 올 수도 있을 것이다. 그럼에도 모두가 먹거리에 대하여 올바른 습관과 관리를 하지 않는 것 같아 갑자기 걱정스러우니, 그것이 나만의 생각이 아니기를 바랄 뿐이다.

- 2001년 4월 10일 아침

게으른 자의 피서

연일 34℃를 오르내리는 삼복에 집에 누워 창 밖으로 북한산 능선을 내다본다. 몇 권의 책을 곁에 두고 이리 저리 들춰보고 있자니, 문득 내가 일생 동안 해수욕 한 번 가지 못한 게으름뱅이임이 떠올라 웃었다.

그러나 내 집에는 감나무 한 그루가 있어 여름이면 시원한 그늘을 주고 가을이면 열매까지 주니 이보다 더 좋을 수 없다. 그 그늘 아래서 쉬노라면 멀리 도봉산 오봉과 북한산 주봉인 백운, 만경, 인수를 마치 내 집 병풍처럼 쳐다보며 감상할 수 있으니 우리 집은 정말로 훌륭한 피서지다. 게으름 때문에 용감하게 집을 나서지 못한 관계로 이런 집이 있음을 항상 행복하게 생각한다.

태양이 작열하고 바람 한 점 불지 않아 나뭇잎도 흔들리지 않는 날, 파란 하늘에 흰 구름이 둥실 떠 있는 모습을 보며 John Denver의 'Today' 라는 노래를 듣는다.

Today

Today, while the blossoms still cling to the vine.
오늘 꽃이 아직 줄기에 붙어 있을 때
I'll taste your strawberries, I will drink your sweet wine.
나는 당신의 딸기를 맛보고 당신의 와인을 마시리라.
A million tomorrows shall all pass away.
수백만 번의 내일은 모두 지나가겠지.
Ere I forget all the joy that is mine, today.
오늘 나의 것인 이 모든 기쁨을 내가 잊기 전에.

I'll be a dandy and I' ll be a rover
나는 멋쟁이가 되고 방랑자가 되리라.
You'll know Who I am by songs that I sing.
내가 부르는 노래를 듣고 당신은 내가 누군지 알지.
I'll feast at your table and lie in your clover.
나는 당신의 식탁에서 잔치를 즐기고 당신의 클로버 속에 누우리.

Who knows what tomorrow may bring.
내일이 무엇을 가져올지 누가 알리.

이런 내용의 노랫말을 들으니 쉬는 하루가 더욱 여유로와 'A million tomorrows shall all pass away'의 구절이 더욱 가슴에 와 닿는다.

'여름' 하면 떠오르는 것이 몇 가지 있는데, 그 하나가 내가 어릴 때, 사돈되는 분이 한강 백사장에서 벗들과 '아이스케키' 먹기 내기를 하다가 죽은 일이다. 기껏해야 한강 백사장, 아이스케키라니 그 얼마나 허망한 삶인가. 또 선풍기가 나와 너무나 신기하게 생각했으나 구입하지 못하다가 결혼할 때 아내가 가지고 온 덕에 제품이 나온 지 10년 만에 신비스런 바람을 쐴 수 있었다. 에어컨이 나왔을 때는 집에 들여 놓을 여유가 없어 더운 날이면 가까운 은행지점에 가서 예금할 돈도 없으면서도 그냥 앉아서 피서를 즐겼던 기억도 있으니 그때를 생각하면 그저 웃음이 나올 뿐이다.

그러나 역시 제일 좋은 여름 피서의 기억은 시골집 세 칸 대청에 누워 뒷문을 열어 놓고 산에서 내려 부는 바람을 맞으며 꿈속으로 드는 것이었다. 꿈속으로 들면서 모기장 밖으로 지금은 볼 수 없는 유난히도 많은 여름밤의 별들을 보며 어린 나는 미래를 꿈꾸고 또 꿈꿨었다. 그런 추억이 깃든 고향집은 지금도 남아 있지만 소중함을 알면서도 자주 가지 못함 또한 나의 게으름 탓이리라.

모두 여름휴가를 떠나 시가지는 텅 비어 있어, 평소 서울역까지 한 시간 걸리던 것이 20분만에 도착했다는 우리 집 아이 이야기를 들으니, 도둑의 빈집털이가 재미를 본다는 뉴스가 실감이 난다. 나도 내년에는 온 식구를 모두 데리고 경포대해수욕장에 가서 게으름 병을 고쳐보겠다고 다짐해 보면서 삼복 하루를 보냈다. 내일은 더위가 좀 식어 시원한 날이 되기를…. 그리고 오늘 하루도 별일이 없음을 감사해 본다.

– 2001년 8월 5일

오솔길

봄 날, 아침 일찍 일어나 산 속 짐승들이 만들어 놓은 오솔길을 걸으면 도원경에 도달하게 된다. 초록의 새 생명이 처녀의 젖 봉우리처럼 봉긋봉긋 솟아나고, 나뭇가지에는 일찍부터 쳐놓은 거미줄에 먹이보다 먼저 걸린 이슬이 아침 햇살을 머금고 진주처럼 알알이 빛나는 곳이 바로 오솔길이다.

도원경에 취해 걷노라면 바지가랑이가 이슬에 몽땅 젖어 무릎을 차갑게 하지만 마음만은 더없이 상쾌하니 어느 새 어릴 때 부르던 동요를 저절로 흥얼거리게 된다. 또 바지가랑이에 묻은 이슬이 마를 즈음, 어디선가 시원한 바람이 불어와 이마의 땀을 닦아주고 아지랑이가 살며시 눈을 간지럽게 한다. 또 저 멀리 농부가 소를 끌어 밭을 가는 풍경이 보이니, 태평성대와 다름없다.

여름의 오솔길에서는 용광로처럼 타오르는 햇빛을 막아 길을 걷는 사람의 더위를 식혀주는 활짝 핀 나뭇잎을 만날 수 있다. 또 바람이 불어와 흠뻑 젖은 옷들을 말려주면 끈

끈함이 사라지니 상쾌한 산책의 기쁨을 알 수 있다.

가을의 오솔길은 낙엽을 잔뜩 입어 푹신한 양탄자가 된다. 그 위를 걷노라면 마음도 더없이 풍성해지는데, 마침 길옆에 핀 한 송이 국화라도 만나게 되면 옛 연인의 추억이 떠올라 미소짓게 된다. 먹이를 열심히 주워 나르는 다람쥐 역시 가을 오솔길에 빠지지 않는 손님인데 월동 준비하느라 분주한 그 모습이 서커스를 보는 듯 재밌다가도, 겨울이 머지 않았음을 깨닫게 한다.

겨울의 오솔길은 조심스럽다. 하얀 눈 덮인 길에는 걷는 족족 새로운 발자국이 생기니, 그 길을 따라가면 천 년의 비밀이 있는 곳에 도달할 듯하다. 그렇게 조심스럽게 걷노라면 이마에는 땀방울이 맺히고 머리에는 고드름이 매달리니 우스운 풍경이 아닐 수 없다.

아침 일찍 오솔길을 걸으면 사시사철 언제나 행복함 속에서 희망을 갖게 되고, 일상의 외로움에서 해방되어 생각할 수 있는 여유를 갖게 되니, 마치 새로운 삶을 찾아가는 길잡이가 되어주는 것 같다. 길은 언제나 삶을 새롭게 하고 마음을 일깨우며 '항상 올바른 길을 걸어야 풍요로운 삶을 살 수 있다' 는 것을 가르쳐 주는 선생님인 것이다. 또한 우리 곁에 가까이 있어 매일 쉽게 만날 수 있으니 행복과 인내를 주는 그 길을 걸을 수 있어 나는 더없이 행복하다.

병이 주는 깨달음

요즘 추운 날씨 탓인지 감기에 걸려 열이 오르고 콧물, 눈물에다 기침까지 하니 좀처럼 병원에 가지 않는 성격임에도 결국 병원에 가고 말았다.

주사를 맞는 동안 병원 침대에 누워 병이란 정말로 우리에게 무엇인가를 생각해 보았다. 문득 부처님께서 "몸에 병 없기를 바라지 말라, 몸에 병이 없으면 탐욕이 생기기 쉽나니 성인이 말씀하신 병고로 양약을 삼으라."고 이르신 〈보왕 삼매론〉의 구절이 마음에 와 닿는다. 혹시 병은 바쁜 사람에게 좀 쉬면서 일하고, 몸에 부하가 너무 걸렸으니 무리하지 말라는 신호는 아닐까. 또 걸린 것이 마음의 병이라 해도 병원 침대에 누워 그 원인을 가만히 생각하여 스스로 방법을 찾아보는 것도 좋은 것 같다.

부처님 말씀처럼 병이 나면 우선 욕심이 한 가지로 줄어든다. 온갖 잡생각과 욕망이 없어지고 오직 병이 낫는 데에만 전력하며 아픔과 싸우다보면 인내력이 생기는 것 같다. 아픔으로 인해 모든 근심걱정이 없어진다니 얼마나 좋은

가. 또 병이 찾아오면 쉴 수 있어 좋고, 아내와 아이들이 관심을 가져주어서 좋다. 이것도 시기심과 욕심의 단면일지라도 관심을 가져 준다는 것이 얼마나 필요한 것인지, 무관심 속에 산다는 것이 얼마나 불쌍한 삶인지는 겪어본 사람은 모두 알 수 있는 일일 것이다.

다만 병에 걸리는 것이 아무리 좋은 점이 많다해도, 오래 앓지 않고 짧고 가벼운 병이라야만 정신적 피해가 없을 것이니 이 모든 것이 뜻대로 될 리는 만무하다. 될수록 약을 적게 먹으며 참을 수 있는 데까지 참아보려고 하면서도, 점점 더 아픈 곳이 많아 병원신세를 되풀이하는 내 모습을 보면서, 종래에는 이번에 감기가 좋아지면 또 병원신세를 지지 않도록 노력하겠다고 생각하게 되는 것이다.

결국 사람에게 있어 병은 없는 것이 가장 좋은 것이고, 그러기를 바라는 것이 인간의 마음이며 욕심인 것을 실감한다. 또한 이런 생각을 하고 작으나마 깨달음을 얻게 되는 것도 그 '병'의 덕인 것을 생각하며 또 한 번 웃어본다.

– 2001년 12월 12일

후회 없는 삶을 위하여

암으로 한쪽의 고환을 절제하고 뇌수술까지 받은 랜스 암스트롱이란 이름을 가진 미국인 사이클 선수가 있다. 그는 죽음의 레이스라 불리는 2002년 '루르드 프랑스 도로 일주 대회'에서 무려 3,282㎞를 82시간 5분 12초의 기록으로 우승했다. 이는 1999년 이후 네 번째 우승으로 암스트롱은 우승 소감 대신 "레이스는 아직도 끝나지 않았다."고 말하며 2003년에도 도전하여 5연패를 달성할 것을 다짐했다. 프랑스가 자랑하는 화려한 역사의 샹젤리제 거리(극락의 들판이란 뜻으로 Elysion의 조형물이 있다)를 지나 당당하게 떠나는 한 인간의 모습은 오늘도 무기력하게 살고 있는 자신을 반성하게 한다.

전문의들조차도 생존율을 20%밖에 보지 않던 중병 환자인 암스트롱을 생각하면 아직 건강한 몸을 가졌으면서도 너무나 안일한 생각과 게으름에 갇혀 생을 포기한 사람처럼 살고 있는 내 모습이 한층 초라해보인다. 마치 7년 동안 흙 속에 묻혀 수도하다가 여름날에 잠시 나와 무더움을 가

중시키는 울음을 울고, 또 다시 7년을 기다리는 매미의 불쌍한 삶을 사는 것과 같다는 생각에 정신이 바짝 든다.

사람이 태어나서 자기가 하고 싶어하는 일에 최선을 다해 그 일에 최고가 되었다면 神의 경지에 이르렀다 할 것이다. 그가 최고가 되기 위해 어떻게 노력했으며 생사의 갈림길에서 얼마나 좌절했는지, 그때마다 무엇이 그를 지켜주었는지 알 수 없다. 다만 情神의 흔들림 없이 자기가 하는 일에 성심과 정열을 다 바쳐야만 어떤 일에나 최고가 될 수 있음은 당연한 것이겠다.

불굴의 의지를 가진 랜스 암스트롱을 생각하며 작금까지 꿈속에서 꿈이나 꾸고 있는 내 모습을 반성하고, 앞으로 좀 더 진지하고 정직하게 살아가야겠다고 다짐한다. 그것이 진정 후회 없는 삶을 사는 최선의 방법이겠다.

– 2002년 7월 30일 아침

등산화

지난 30여 년 동안 산을 오르내리면서, 산에서 삶에 대한 많은 것들을 배우고 깨달았다. 그럼에도 불구하고 가당치 않은 욕심을 부릴 때가 있으니 바로 등산화에 관한 부분이다.

나에게는 등산화 세 켤레가 있는데 그 중 제일 오래된 것은 지금과 달리 수입이 자유롭지 못하여 등산장비를 구하기 힘들 때 마련한 것으로, 박봉에도 불구하고 12만 원을 주고 구입한 이태리제 '비불랑' 이다. 또 국산 등산장비가 개발되어 외제와 같은 품질을 가지고 있다는 말에 구입하여 사용하다가 바닥이 모두 닳아 창갈이를 한 것, 그리고 완전 방수 제품이라 하여 대우센타 등산 용구점에서 구입한 것 등이 그것이다.

이태리 제품은 겨울용이라 무거워서 사용하지 않고 있다가 중국 목단강에 가서야 신었다. 쌀 닷 되 무게는 족히 되지만 추운 지방에서 산행하기는 안성맞춤이라 2년 간 무단봉에 오를 때 신었더니 발창이 떨어졌다. 그것을 수리하여 쭉 사용하다가 귀국 시에 그곳 직원에게 주고 왔는데, 등산을 하지 않는 현지인에게 준 것이 아직도 못내 아쉬운 생각이 든다.

창갈이를 한 등산화는 비만 오면 물이 차니 가끔 사용하는 정도이고, 방수되는 신발이 가장 마음에 들어 계속 신었더니 이제는 밑창이 반들반들해져 바꿔야 할 때가 됐다. 해서 몇 번이나 등산 용구점에 들렀으나 좀처럼 마음에 드는 것도 없거니와 막상 사려해도 집에 있는 등산화가 눈에 아른거려 되돌아 나오기를 여러 차례 했다. 나와 지난 수십 년 간 산행을 함께해온 신발인지라 마치 내 피붙이를 보는 것처럼 사랑하는 마음이 생겼으니 어찌 쉽게 버릴 수 있겠는가.

등산화를 새로 구입해야 할까? 아니면 수선을 해서 계속 신어야 할까? 아무리 생각하여 보아도 답이 나오지 않는다. 방수되는 신발을 수선하여 아껴 사용하면서, 비가 새는 것과 병행하여 써야겠다고 생각하면서도 새 등산화만 보면 구입하고 싶은 마음이 든다. 옛 것을 계속 사용하려는 마음은 아집이기보다는 사랑이겠고 구입하려는 마음은 새 물건에 대한 욕심이겠기에 스스로 타일러도 보지만, 산을 오를 때 마음과 정상에 서 있을 때 마음이 다르듯이 항상 종잡을 수 없는 것이다.

등산화를 보면 내 마음은 흡사 여자 같이 그저 웃음만 나온다. 떨어진 등산화처럼 사랑받고 살아가는 늙은이가 되었으면 하고 생각해본다.

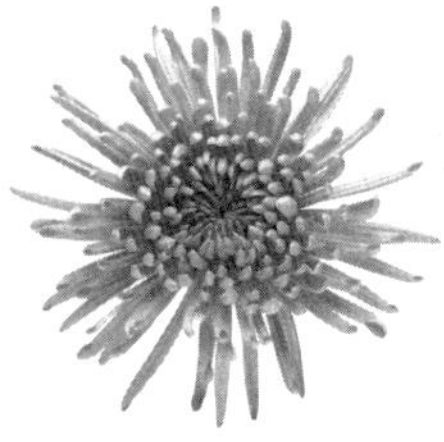

비를 맞아보자

비가 폭포수처럼 쏟아지는 날, 고향 친구로 유난히 개구쟁이였던 친구 최동화 군을 만났다. 고교 동창이기도 한 그와 오랜만에 점심을 함께하며 이런저런 얘기를 나누다가 며칠 전 있었던 비에 얽힌 사연을 들었다.

그 날도 어김없이 비가 내렸는데, 문득 비를 맞고 싶어 우산을 접고 그냥 걸었다고 한다. 걷는 동안 현재와 미래의 삶에 대해 생각해보니, 지나온 세월에 아픔과 아쉬움만 있을 뿐 마음에 남는 좋은 일이 별로 없고, 지금까지 삶을 부정적으로 살아온 것 같아 마음이 아팠다는 것이다. 어느덧 집에 도착하여 대문을 열고 들어가니 친구의 아내가 "당신이 무슨 이팔청춘이라고 청승이냐"며 잔소리를 늘어놓았으나, 젖은 속옷까지 모두 벗어놓고 몸을 씻고 나니 모든 번뇌와 고민을 덜어낸 것처럼 기분이 상쾌하더라는 것이다. 그 일을 계기로 친구는 "모든 삶의 고통은 욕심이 과해서 생기는 것이니 이제부터 건강하고 즐겁게 살 것"을 다짐했다고 한다.

그 이야기를 듣고 헤어진 후 책상머리에 앉으니 학창시절에 유난히도 비 맞기를 좋아했던 내 자신이 떠올라 피식 웃었다. 언제인지는 정확하게 기억이 나지 않지만 내게도 비와 관련된 잊지 못할 추억이 있기 때문이다. 미군 작업복을 구입하여 염색해 입고 '땡땡이 전차' 로 약속 장소인 광화문 시네마 코리아(지금의 조선일보 옆)로 향하던 그 날도 부슬비가 내리고 있었다.

마침 만날 사람이 약속을 어겨 혼자서 빗속을 걸어 성공회 앞에 다다르니 아예 굵은 장대비가 쏟아지는 게 아닌가. 이왕 맞은 비라 생각하고 덕수궁 돌담길을 따라 걷노라니, 어느 새 너무 즐거워 노래까지 흥얼거리고 있었다. 또 비를 맞고 떨어진 노란 은행잎은 마치 내게 애교를 떠는 듯, 어깨 위에 앉아 아름다운 여인과 동행하는 기분을 느끼게 했다. 그렇게 은행잎과 함께 미대사관 앞을 지나노라니 정문에 미 해병대 두 사람이 비를 맞으며(우비를 입었지만) 마치 장승처럼 서 있는데, 미동도 하지 않는 모습이 흡사 마네킹과 같았다.

그곳을 지나 정동교회 앞 서울우유 대리점 앞에서 우유 한 봉지를 사 들고 다시 시청 쪽을 향해 무작정 걸었는데,

덕수궁의 정문인 대한문 앞에 이르러서야 사람들이 자꾸 나를 쳐다봄을 의식하게 되었다. 자기들은 우산을 썼으니 우산을 들고 쓰지 않고 걸어가는 나를 정신이상자로 보는 것이라 생각하면서도 비 맞는 것이 그렇게 행복할 수 없었다.

만용인지는 모르지만 내게는 혼자서 비를 맞는 것에 대한 쾌감과 우쭐함이 있었던 것 같다. 또한 만나려다 못 만난 사람의 모습을 생각해보는 여유도 있었으니 어찌 행복하지 않을 수 있었겠는가.

나의 일주는 거기서 끝나지 않았다. 비가 쉼 없이 오는 가운데 남대문과 서울역을 지나 쌍굴을 거쳐 통일교회 본부가 있던 청파동 언덕배기에 올라서니, 은은히 들리는 찬송가 소리와 석탄을 태우고 가는 화차의 연기가 돌연 고향의 정취를 느끼게 했다.

배가 고픔을 느껴 동생들과 자취하던 숙대 앞 단칸 자취방에 도착하는 것으로 일주를 마무리한 나는 젖은 옷을 벗고 나서야 사람들이 나를 쳐다본 진짜 이유를 알게 되었다. 비 때문에 염색한 옷의 색이 빠져 내 온몸에 검정 물이 들어 있었던 것이다. 나를 본 까닭이야 어찌됐든 상관없이 마냥 크게 웃고 또 웃었던 그 날을 생각하면 오늘도 미소가 떠오른다.

젊은이들에게 권하고 싶다. 비 오는 날에 비를 맞으며 덕수궁 돌담길이나 창경궁 길을 걸어보라고. 처음 비를 맞을 때는 옷이 젖지 않을까 하는 갈등이 생기지만 옷이 촉촉이 젖어오기 시작하면 그 특유의 촉감에서 오는 마음의 충만함을 경험하게 될 것이다.

그러면 삶이 무엇이며 행복과 불행이 얼마나 가까운 거리에 있는지, 건강하다는 것이 神이 준 큰 선물이라는 것을 알게 된다. 그 마음의 평온은 내가 스스로 체험한 것이니 틀림없음을 밝힌다. 특히 봄비가 부슬부슬 내리는 아침이나, 가을비가 추적추적 내려 노란 은행잎이 널려 있을 때를 권한다. 나 역시 가을 은행잎이 샛노래지면 덕수궁 길을 다시 걸어볼 것을 마음 속으로 다짐해본다.

– 2002년 8월 6일 비 오는 여름날 오후 용산역 앞에서

나이 먹음과 추억

신문 기사를 통해 부친스키가 81세의 나이로 세상을 떠났다는 소식을 접하고, 나도 나이가 들어 이제 늙어가고 있음을 실감한다.

내가 '늙음'을 생각조차 할 겨를도 없이 분망하고 희망에 찼던 청·장년기에 찰스 브론슨은 유난히도 푹 패인 주름과 콧수염, 쥐가 뜯어먹은 것 같은 머리를 하고 불쑥 나타나서, 살아가는 길의 옳고 그름과 복수의 방법을 가르쳐 주었다.

파라마운트 스튜디오 근처에 있는 'Bronson Gate'의 다리 이름이 너무 좋아 부친스키라는 이름을 브론슨으로 바꾼 그의 유명세가 얼마나 대단했던지, 개그맨 남보원이 그 모습과 행동을 흉내내기도 했다. 지난 1971년에 50세의 나이로 골든글러브상을 수상하고 바보처럼 울던 그 모습이 아직도 생생한데, 아무리 죽음이 '자연의 섭리'라지만 영원히 헤어져야 함에 대한 답이 되기엔 모자라기만 하다.

스티브 맥퀸, 율 브린너 등과 출연한 〈황야의 7인〉(The

Magnificent seven)에서 브론슨은 허무하고 강인한 사람을 잘 연기하여 스타의 반열에 올라섰다. 또 〈위대한 탈출〉에서는 너무나 소심하고 여자와 같은 모습을, 〈One upon a time in the west〉에서는 제임스 코빈과 스티브 맥퀸 등과 출연하여 하모니카를 부는 발랄하고 명랑한 모습을 보여 주었다. 이런 작품들을 통해 대 스타가 된 그는 우리 전쟁세대의 우상으로 수많은 팬들의 사랑을 받았다. 또한 일생 동안 자기가 하고 싶었던 일에 열과 성을 다해 한 사람의 직업인으로서 많은 이들에게 귀감이 되었으니 진정 성공된 삶을 산 것이 아닐까 한다.

– 2003년 9월 3일 용산에서

젊은 날의 고민

아카시아 꽃향기가 후각을 유혹하니 정말로 봄이 가고 있나봅니다.

파란 초록색을 입은 진위천 둑길을 벗과 함께 걸으며 어떻게 살아야 하는지 얘기 나누곤 했지요. 가정에 대한 책임과 장남이라는 운명으로 동생들에게 희생을 강요하며, 혼자만 학교에 다니고 있다는 죄책감으로 괴로움을 느끼던 벗의 얼굴이 자꾸자꾸 떠오릅니다.

사람이 태어나서 자기 뜻대로 할 수 있는 것이 하나도 없다는 것을 늙어서야 깨달았으니 참으로 쑥스러울 뿐이지만, 가난 때문에 큰아들만 공부시켜야 하는 아버지의 마음은 또 어떤 것이겠습니까? 벗이 그렇게 고민하던 그 문제는 이제 형은 가고 없지만, 공부하지 못한 아우들이 공부한 형의 가족보다 훨씬 행복하게 살고 있으니 팔자는 다 따로 있는 것이 아닌가 합니다. 시골에서 어렵게 살다가 농사짓던 땅이 도시화되면서 큰돈을 가지고 말년을 살아가고 있는 사람과, 공부 좀 했다고 객지를 떠돌며 봉급자 생활을 하다 이제 생을 마감한 사람 중, 그 누가 누구에게 죄를 시었다고 할 수 있겠습니까.

또한 요즘 신문지상에는 유달리 부패한 아버지로 인해, 혹은 부덕한 자식으로 인해 그 아들과 아버지가 정신적 고통을 당하는 사건이 많이 보도되고 있습니다. 부패에 연루되어 법의 심판을 받는 자식은 물론이요, 최고의 지위에서 아들의 구속을 보는 그 아비의 심정은 얼마나 아프고 또 밤잠을 설치겠습니까. 그에 비하면 우리 두 사람이 어렸을 때 고민한 문제들은, 얼마나 인간적이고 가슴 뜨거운 것이었는지 오늘 새삼 생각해봅니다.

우리는 정직하고 열심히 일했기에 이문열 작가의 〈초한지〉에 나오는 하나라의 태강왕처럼 국민에게 쫓기다 五字之歌를 부르지 않아도 되니 얼마나 행복한 삶입니까? 벗의 큰 아이가 아직도 인연이 없어서인지 장가를 가지 않고 살고 있지만 직장에서는 훌륭하게 열심히 살아가고 있으니 이 또한 벗의 복이라고 생각해봅니다.

"다른 사람의 눈물을 흘리게 하면 언젠가는 자기 눈에도 눈물을 흘린다."고 하시던 선친의 말씀을 떠올리니 참된 삶을 살아가기란 너무나도 어려운 것임을 새삼 깨닫습니다.

혼자 열심히 정직하고자 해도 자식이나, 부모, 또는 형제들에게 문제가 생기면 똑같이 취급받아야 되니 산다는 것이 얼마나 힘든 것입니까. 오늘따라 마음 한구석에 그림자가 드리우니 벗의 생각이 나 푸념 삼아 이 글을 쓰고 있습니다.

빼꾸기 소리 들으면 항상 생각나는 벗의 영생을 기원하며….

맨 발

양말을 벗고 맨발을 본다. 손자 놈의 맨발을 내 맨발에 포개놓고 자꾸 자꾸 맨발을 본다.

맨발은 성스럽다. 그리고 자연의 섭리를 말해준다. 석가모니도 죽어서 맨발이었고 예수도 십자가를 질 때 맨발이었다. 산길을 맨발로 걸어본 사람만이 맨발의 뜻을 안다. 맨발에 붉은 피가 흐르면 비로소 살아 있음을 알 수 있다. 진실로 사람들이 맨발의 의미를 깨달을 때 삶이 무엇이며 자연과 무슨 인연이 있는지 알 수 있다.

맨발은 삶 자체이다. 맨발을 벗고 쳐다보라. 삶을 위해서….

– 2004년 5월 9일

運命이란 글자를 생각하며

오늘따라 2층 방에 누워 감나무의 파란 잎새를 내다보며, 내 몸이 병들었음을 새삼 느껴본다. 왜 병이 났을까 생각하다가 運命이란 두 글자를 떠올리고 국어사전을 들추어보니 "앞으로의 존망이나 생사에 대한 처지 또는 인간을 포함한 우주일체를 지배한다고 생각되는 필연적이고도 초인간적인 힘"이라고 그 뜻을 알듯 모를듯 써 놓았다. 몸이 아픈 것도 운명일까? 인간은 무엇을 하다가 좌절하거나 실패하면 운명이라는 두 글자로 자위하는 것 같다.

지금 생각해보면 운명을 피하는 길은 오직 욕심을 버리고 탐욕에서 벗어나는 것이다. 조금만 가지려는 마음, 많이 갖는 것을 부끄러워하는 마음을 갖는다면 운명이라는 추상적인 감옥에 갇히는 일은 없을 것이다. 세계적 문호 셰익스피어도 글을 쓰다가 막히면 "Stars are thus crossed."(운명은 이처럼 피할 수 없는 것이다.)라고 썼다지만, 그렇다면 이 세상의 모든 문제가 운명 때문이란 말인가.

크고 작은 세상의 문제들은 사람들이 남을 보살피고 배

려하는 뜻이 조금만 더 있었다면 아예 일어나지 않았거나 막상 문제가 발생되었다고 해도 합리적으로 해결될 수 있는 것들이니 스스로 운명이라는 굴레에 함몰되지 말아야함을 강조하고 싶다.

몸이 병들기 전에 스스로 한계를 알고 쉴 줄 알았다면 병이 왜 찾아왔겠는가? 운명예찬론자들이 들으면 무식한 늙은이의 망령이라고 치부하겠지만, 피할 수 없는 운명이란 삶의 길에서 있을 수 없는 것이라 생각한다. 설사 나무에 푸른 잎이 돋고 가을에 열매가 열리듯이 병고에서 헤어나 다시 삶의 길을 가는 것 또한 운명이라 할지라도, 그것마저 극복할 수 있는 진정 성공된 삶을 꿈꾸어본다.

- 2004년 5월 15일

장례문화

세상에는 여러 가지 장례문화가 존재한다. 기독교에서는 예수 그리스도가 3일 만에 부활한 성경 말씀에 따라서 시체를 손상시키지 않고 매장하여 부활을 약속하는 의식을 치르며, 힌두교에서는 꽃과 함께 갠지스 강에 흘려보낸다. 티베트에서는 풍장을 치르는데 이는 고인의 사체를 새들에게 먹이로 주는 것으로 죽은 자의 영혼이 어디로 갔는지 새들이 항상 가르쳐 준다는 믿음에서 비롯된 것이다. 불교에서는 '변함 없는 것은 삶의 고통이며 죽음 또한 슬픔' 이기 때문에 화장함으로써 苦에서 다시 떠나라는 의미로 화장을 하도록 한다.

그런데 요즘 매스컴에서 장례문화에 대하여 갑론을박하며 화장문화를 장려하려고 노력하는 것 같다. 산 사람에게도 비좁은 땅과 산야가 묘로 채워진다면 그 피해는 우리들의 후손이 보는 것이니 어찌 보면 당연한 일이다. 중국이라는 광활한 국가조차도 일찍부터 화장문화를 꽃피우고 있건만 아직 우리 사회에는 그에 대한 인식이 부족하다. 대체 왜 그렇게 화장에 대해 부정적인 것일까?

나의 경우는 어려서부터 유교적인 가정에서 자랐기 때문일 것이다. 유교에서는 죽은자가 산자와 계속하여 관계를 맺고 길흉화복에도 관여한다고 생각하기 때문에, 양지바른 명당 자리에 조상을 묻어 자손의 복덕과 부귀영화를 빌어왔다. 게다가 내 기억에 남아 있는 화장터는 그다지 좋은 모습이 아니다. 성스러운 예식에서 돈을 가지고 흥정하는 모습이 만연하고 관리부재 때문에 혐오감이 드는 곳이 바로 화장터다. 또 말로는 화장문화를 장려하면서도 사회 지도층과 돈 있는 사람들은 옛날 왕릉 이상으로 호화 분묘를 쓰니 일반 서민들 역시 "조상의 묘를 화려하고 크게 써야만 자손들이 출세하고 돈을 많이 벌 수 있다."고 생각하게 되는 것이 아니겠는가.

나 역시 화장에 찬성하여 내 스스로 모범을 보여야겠다고 생각하면서도 용기가 나지 않아 그 실행을 하지 못한다. 아마 나와 같은 생각을 가지고 있는 사람이 많을 것이라 짐작한다. 이럴 때 우선 국가의 지도자들이 솔선수범하고 법을 만들어 죽음의 예식이 권력과 돈 앞에 평등한 문화를 조성한다면, 화장에 대한 마음의 부담도 없어지고 남의 눈을 의식하지 않아도 될 것이다. 근 600년을 내려온 관습을 없애는 것은 대단히 어려운 일이지만 나라의 장래를 위하여 누군가가 커다란 용기를 가지고 모범이 되어 줄 날이 오기를 기대해 본다.

알베르 카뮈는 "우리의 삶을 증언해주는 것은 예술혁명 등이 아니고 오직 사랑"이라고 말하면서 "사랑은 침묵이며 우리 모두는 남모르게 죽어간다."고 했다. 살아 있을 때 열심히 사랑하고 후회 없이 존경한다면, 죽은 다음에 굳이 자신을 위해 조상을 섬기는 일은 필요 없을 것이다. 내 삶의 마지막이 오면 자식들에게 화장할 것을 유언으로 남기겠다는 마음을 다져본다.

어머니의 힘

눈 덮인 아름다운 소나무가 내다보이는, 어머니가 기거하시던 방에 앉아 조간신문을 읽다 아카데미 여우주연상을 받은 힐러리 스웽크의 인터뷰를 읽었다.

단돈 75 달러를 가지고 성공을 위해 어머니와 함께 무작정 할리우드에 입성하여, 16년 만에 두 번이나 아카데미 여우주연상을 받은 힐러리 스웽크. 그녀는 시상식에서 "Don' t cocky!"(자만하지 말자)라고 말하며 자신의 모든 성공을 어머니의 덕으로 돌렸다. 자신을 위해 물심양면으로 믿어주고 도와준 어머니에게 감사하는 그 모습에 나는 내 어머니의 모습이 떠올라 부끄러움을 느꼈다.

나의 어머니 역시 일생을 자식을 위해 모든 것을 바치셨다. 치매라는 천형을 앓고 계신 지금도 정신이 드시면 내 걱정만 하시는데도, 내가 할 수 있는 일이란 그저 울고 또 우는 것뿐이다. 그 따뜻했던 가슴이 이제는 숨쉬기조차 버거워, 체온을 느끼기도 어려울 정도로 고통을 겪으시는 어머니이건만, 나는 오히려 천길 낭떠러지에 매달린 어머니를 간신히 잡고 서 있으면서도, 자꾸만 놓으려고 하니 이런 불효는 다시없을 것이다. 백설이 내려 온 천지가 은색으로 되었지만 어머니의 빈방에 앉는 내 마음은 점점 검게 변하고 있다.

이 세상의 모든 자식이여! 우리는 모두 어머니의 위대함으로 지금처럼 살고 있다. 과연 그 사랑에 조금이라도 보답하고 있는지, 그리하여 진실로 인간다운 삶을 살고 있는지 생각해보라. 힐러리 스웽크 양 역시 나와 같이 되지 않기를 바라면서 고양이가 쥐를 생각하는 마음으로 이 글을 써본다.

– 2005년 3월 2일

말렌코프 아저씨

눈이 오는 저녁이나 비가 오는 저녁에 홀로 책상머리에 앉아 있으면 평소 잊고 있었던 여러 가지 생각이 떠오른다. 어느 날 저녁 문득 이십대 후반에 인천에 있는 회사에 입사하여 다니던 시절에 생각이 미치니, 당시에 술자리 때마다 꼭 만나게 되던 '말렌코프 아저씨' 라는 인물이 떠오른다.

따지고보면 그 인물에 대해 자세히 아는 것은 하나도 없지만, 박카스를 갖고 다니며 팔던 그 넉살 좋은 수완과 특이한 외모는 아직도 기억 속에 생생하다. 왜 말렌코프 아저씨라는 이름이 붙었는지는 지금도 알 수 없으나, 그는 작은 키에 뚱뚱한 몸집, 유난히 큰 코와 왕방울 만한 눈, 얼굴에 비해 유난히 작은 입, 솥뚜껑을 엎어놓은 것처럼 복스러운 손을 가진 사람이었다. 머리는 언제나 양옆을 쳐 올린 '백고머리' 에 어깨에는 군인들이 사용하는 가방을 메고 왼손에는 박카스 한 통을 들고 다니던 그는, 술집을 가가호호 방문하여 갖은 우스갯소리를 하며 박카스를 팔았는데, 그 천연덕스런 얼굴과 행동 때문에 누구나 한 통씩 사주지 않을 수 없었다.

게다가 그는 인천의 술집과 음식점 등지의 소식을 손바닥 보듯 꿰차고 있는 소식통으로도 유명했다. 만약 "인천의 내로라하는 한량들이 어느 집에서 누구와 무엇을 하나 알고 싶으면 말렌코프 선생에게 물어보면 된다."는 말이 있을 정도였고 그는 기대에 부흥이라도 하듯, 언제나 의기양양한 모습으로 정확한 정보를 전달해주곤 했다. 또 혹시 모를 경우라도 얼마 후에 정보를 알아내어 돌아와 알려줄 정도로 자부심과 의리를 갖고 있었다. 그래서 자신의 행적을 알리고 싶어하지 않는 이들은 박카스 한 통을 사주며 비밀을 지켜달라고 부탁하기도 했으나, 결국 비밀은 지켜지지 않고 서로의 행적은 공공연한 비밀이 되고 말았다. 물론 지금의 인천광역시는 너무나 광대하여 엄두도 못 낼 일이지만 그 당시 인천은 시내라고 해봐야 주안역에서 인천항구까지 밖에 되지 않았다. 또 음식점은 동인천역 앞과 경동네거리를 중심으로 밀집되어 있었기 때문에 가능했던 일이리라.

더욱이 그렇게 매일 술집과 음식점을 돌아다니면서도 큰 소리가 나기는커녕 술집 주인, 종업원, 손님 모두가 그를

환대했으니 당시가 지금보다 모두의 마음에 여유가 있었던 듯싶다. 오히려 오지 않는 날이면 "왜 오늘은 안 오냐, 어디 몸이 아픈가, 교통사고 당한 것 아니냐, 예쁜 아가씨의 인질이 된 것 아니냐" 등등의 얘기를 나누며 은근히 기다리기도 했다. 그러면 어느 샌가 장지문이 스스로 열리고 "누가 찾는데 여기 계시군요." 하는 넉살 좋은 말과 함께 나타난 말렌코프 아저씨는 박카스를 내밀며 고대하던 뉴스를 전하곤 했다.

30여 년이 지난 지금도 그런 상술과 입담, 재치로 장사를 한다면 반드시 성공하게 될 것이다. 과연 그는 지금 무엇을 하고 있는지, 거대한 재벌이 되었는지, 또한 돈벌어 유한마담과 놀아나서 폐인이 되었는지 궁금하다. 가끔 인천에 가는 길에 문의하면 모두가 모른다고 하니 내 청년시절의 한 페이지를 함께한 그가 아직 인천에는 사는지, 세상을 떠났는지, 그저 궁금하고 보고 싶다. 오늘도 인천이란 곳을 향해 서면 말렌코프 아저씨가 박카스 통을 들고 문을 열고 들어오는 것 같다.

내일을 위한 '오늘'

엊그제까지 통 비가 내리지 않아 푸른 하늘을 보고 원망을 했는데, 요 며칠 장대비가 쏟아진다. 허나 시원하기는커녕 창 밖만 보면 마음이 우울하고 먹먹해지는 것이 이제 비는 그만 왔으면 하는 마음이 들어, 원망하는 심정으로 어두운 하늘을 보고 있자니 사람의 마음이란 참으로 염치가 없음을 느끼게 되었다.

살아간다는 것은 자연과 어우러져 때로는 자연에 환호하고 때로는 질투하고 원망하면서 결국에는 조화를 이루어야 하는 것이다. 이것이 풍요로운 삶을 사는 진리이며 인간이 깨달아야할 지혜일 텐데, 나는 자연을 원망하기만 하니 날씨의 변화에 따라 오락가락 하는 모습이 흡사 광대와 같다.

그러나 자연은 어떠한가. 사람에게 찢기고 두들겨 맞아도 늘 변함 없는 너그러움과 살아가는 예지를 전해준다. 그럼에도 인간은 주는 것조차 수용하지 못하고 깨달을 능력도 없어 항상 순간의 결과만 가지고 원망만하고 있다.

남미의 경제정책연구가인 A. O. Hirschman는 "사람들은 항상 실패병(Firascomania)에 걸려 허우적거리며 민생을 호도한다."고 말했는데 이런 모습을 두고 한 말인 듯싶다. 자연은 항상 외경스럽게 생각하고 감사하는 마음을 가지며 함부로 훼손하거나 낭비해서는 안 되는 존재임에도 불구하고, 사람들은 항상 실패병에 걸린 것처럼 자연을 원망하는 것이 습관이 되어 있다.

비가 오지 않아 가뭄이 들거나 너무 많은 비가 오면 "왜 그런 재앙이 왔는가"는 생각지 않고 무조건 자연을 탓하는 것이 바로 그 모양새다. 이런 것을 생각하면 진정한 재앙은 자연이 내리는 것이 아니라, 반성할 줄 모르는 인간의 무지야말로 가장 무서운 재앙은 아닐까 한다.

아무리 헛된 욕심을 버리지 못하고 이문을 좇는 것이 사람의 삶이라 해도, 잘못을 깨닫고 고치려는 마음이 없으면 언젠가는 스스로 놓은 덫에 걸려 자멸하게 될 것이다.

너무 늦었다고 혹은 나중에 하겠다는 생각을 버리고 바로 '오늘' 지금 이 순간부터라도 겸손과 합리로 자연에 순응하고 파괴된 자연을 회복시키는 데 노력을 기울여야 자손만대에 풍요로운 삶과 행복이 전해질 것이다.

오늘이 가기 전에 정말로 자연에 속죄하는 태도로 살아 가야 된다는 상념에 젖어본다.

삶

숲 속 낙엽 떨어진 오솔길을 걸으며 함께 '살아간다는 것'의 의미를 생각한다. 세상을 살아가려면 서로 다른 견해가 있다는 것을 인정하고 서로의 견해를 존중하며 서로의 역사나 지나온 세월을 용납할 줄 알아야 하니, 그래야만 진정 행복한 삶을 살아갈 수 있음이 바로 '진리'가 아닐까.

裸木의 生

가을 아침 일찍 산에 가면 여름 한 철 푸른 옷을 입고 화려했던 상수리나무가 이파리 하나 없이 발가벗은 모습으로 서 있으니, 그 까만 등걸을 보면 가슴이 섬뜩해진다. 가지가 잘려나가 유난히도 움푹 팬 자리에 시선이 멈추면 샘물가에서 만난 호호백발의 구부러진 허리, 굵게 파인 주름을 가진 할머니 얼굴과 오버랩된다.

여름에 나무 그늘 밑에서 쉴 때는 상수리나무의 화려한 모습만 보았듯이 굵은 주름을 각인처럼 새기고 있는 할머니에게도 화려했던 시절이 있었을 것이니, 행복과 불행이 교차하는 것이 삶이라는 것을 새삼 느껴본다.

裸木이 껍데기를 훌훌 벗어버리고 겨울을 맞이하는 것이 정직하게 다시 태어날 준비를 하는 것임을 사람들이 이해할 수 있을까. "늙어서 생을 다하는 것이 영원히 죽는 것이 아니고, 다시 태어나기 위한 일시적인 고통"이라고 부처님은 설법하셨지만 속세에 사는 범인들이 이 말을 이해할 수 있을 때가 올 것인가 의심만 더하게 된다.

이제 상수리나무의 까만 몸통은 추운 겨울 동안 새로운 탄생을 위하여 고통을 감내하며 묵묵히 서 있을 것이다. 새로움을 위해 기꺼이 삶을 버리는 裸木과 같이 현대를 사는 사람들도 진실한 삶이 무엇인가를 생각하면서 물질적인 목표보다 정신적인 목표를 세워 진솔한 삶을 살아가도록 노력했으면 한다.

나는 어머니를 고려장했다

초판 1쇄 발행 2006년 2월 13일

지은이_**정호신**
펴낸이_**이재선**
펴낸곳_**신구문화사**

출판등록_1968년 6월 10일
주소_서울시 종로구 청진동 229-1
전화_02-735-4461~5
팩스_02-732-4838
e-mail_kkk33@korea.com

ISBN 89-7668-130-4 03810

지은이와의 협의에 따라 인지는 생략합니다.
책값은 뒤표지에 있습니다.